SUPER LEARNING

Advanced Strategies for Quicker Comprehension,
Greater Retention, and Systematic Expertise

费曼超级学习法

理解**更快**、保留**更高**，**27个**高级学习模型

[美] **彼得·霍林斯** 著
Peter Hollins

中国青年出版社
CHINA YOUTH PRESS

图书在版编目(CIP)数据

费曼超级学习法：理解更快、保留更高，27个高级学习模型/(美)彼得·霍林斯著；彭相珍译. —北京：中国青年出版社，2022.12
书名原文：Super Learning: Advanced Strategies for Quicker Comprehension, Greater Retention, and Systematic Expertise
ISBN 978-7-5153-6574-9

Ⅰ.①费… Ⅱ.①彼… ②彭… Ⅲ.①学习方法 Ⅳ.①G442

中国版本图书馆CIP数据核字（2022）第114520号

Super Learning: Advanced Strategies for Quicker Comprehension, Greater Retention, and Systematic Expertise
Copyright © 2021 by PKCS Media, Inc.
Simplified Chinese translation rights arranged with PKCS Media, Inc. through TLL Literary Agency
Simplified Chinese translation copyright © 2022 by China Youth Press.
All rights reserved.

费曼超级学习法：
理解更快、保留更高，27个高级学习模型

作　　者：[美]彼得·霍林斯
译　　者：彭相珍
策划编辑：翟平华
责任编辑：刘宇霜
文字编辑：吴梦书
美术编辑：佟雪莹
出　　版：中国青年出版社
发　　行：北京中青文文化传媒有限公司
电　　话：010-65511272 / 65516873
公司网址：www.cyb.com.cn
购书网址：zqwts.tmall.com
印　　刷：大厂回族自治县益利印刷有限公司
版　　次：2022年12月第1版
印　　次：2025年9月第6次印刷
开　　本：880mm × 1230mm　　1 / 32
字　　数：130千字
印　　张：5.75
京权图字：01-2021-4082
书　　号：ISBN 978-7-5153-6574-9
定　　价：49.90元

版权声明

　　未经出版人事先书面许可，对本出版物的任何部分不得以任何方式或途径复制或传播，包括但不限于复印、录制、录音，或通过任何数据库、在线信息、数字化产品或可检索的系统。

中青版图书，版权所有，盗版必究

CONTENTS
目 录

引 言	007

第一章　费曼学习法　011

学习金字塔 / 014

学徒效应 / 017

第一步　明确学习目标 / 019

第二步　讲授给他人 / 021

第三步　重复回顾 / 027

第四步　再次讲授 / 029

第二章　创造适合学习的肥沃土壤　035

关注学习时的注意力持续时长 / 037

拆分为短时段的学习 / 039

概念先于事实，理解先于记忆 / 041

设计"有效失败" / 047

| 第三章 | **揭开让记忆长久保留的秘诀** | **055** |

记忆是如何影响学习的 / 057

避免遗忘的科学 / 060

学习周期的五个关键 / 065

信息检索训练有妙招 / 069

间隔重复学习法 / 073

充分利用填鸭式学习 / 078

| 第四章 | **掌握主动学习的好方法** | **083** |

低效的学习技巧和高效的学习技巧 / 085

阐述性提问学习法 / 089

自我诠释学习法 / 090

交错式学习法 / 092

善于深入处理信息 / 097

更深入地探索需要技巧 / 104

掌握PQ4R提问法 / 111

| 第五章 | **让学习成为附属任务会让你获得更多** | **121** |

学习是手段,而非目的 / 123

理解式学习法 / 130

基于问题的学习法 / 134

游戏式学习法 / 141

第六章　学习中一定要避开的常见误区　　147

无意识的投机取巧的阅读 / 149

陷入固定型思维模式中走不出来 / 155

为自己设置固定的学习风格 / 160

思维方式对应的学习风格 / 164

做笔记时偷工减料 / 167

全书要点总结　　175

INTRODUCTION
引 言

  对我来说,学习从来都不是件容易的事,这也是为什么,从幼儿园,到高中毕业,再到大学,我一直都是一个平庸的学生。

  甚至连我的父母,好像也察觉了我没有成为好学生的天分,转而开始表扬我的"生活智慧",或者我的手工多么厉害。在我看来,这是因为他们实在是没办法赞美我的学习成绩,不得不绞尽脑汁,找些别的优点对我予以肯定和鼓励。

  但我从未像其他孩子那样,因为自己的成绩平平而感到挣扎或难过。有些孩子,可能在看到班上其他人名列前茅时,感到沮丧或嫉妒,但我不会。我认为,每个人都可以作出自己的贡献,成绩不一定是衡量个人价值的唯一标准。

  我知道,当我还是一个小孩子的时候,能够拥有这样的见解,可谓颇有见地。然而,从很多方面来看,这种说法也会导致令人难以置信的误导。

  但最终,事实证明我是对的,成绩并不是唯一重要的。在某种程度上一个人的人生取决于他所掌握的知识,但只关注掌握的多少,会让人变得十分功利。学习的概念——理解、回忆和运用新知识的能力——才是真正重要的东西,并决定我们在事业、人际关系和生活中,最终可以达到什么样的高度。事实上,这种能力可能会成为我们人生的最重要的能力,决定人生的最终成就,无视你是否在出生时就站在了更有优势的起跑线上。

如果你有能力快速地学习,一步一个脚印地走下去,你将发现全新的机遇。这些机遇,是你在被无法理解的东西困住的情况下,永远也不会看到的;你也会具备主导生活方向的能力,因为导致你无法追求理想生活的唯一障碍,就是你的学习能力!

我从自己的第一份工作中,深刻地体会到这一点。当时,我有个搭档名叫约翰,我比他早几个星期入职。在他入职后,我很快发现他在简历上造假,并且靠蒙混过关通过了面试,他根本不知道具体的工作职责是什么,也不知道如何使用所有人都应该熟悉掌握的行业标准软件。

一开始,我非常愤怒,并且想要揭发他。但后来发生了一件有趣的事情,让我打消了此念头——约翰是一个超级学习者。他的办公桌上贴满了便利贴、记事本上写满了笔记,而且似乎为自己准备了无数套三步骤的工作模式。他的学习动力和劲头令人惊叹,短短几个月后,他就熟练掌握了入职时完全不懂的所有东西,并且业绩水平已经与我不相上下。

当然,他可能是通过蒙骗的手段得到了这份工作,但到了这个阶段,我和他之间,已经没有实际的区别。他在短时间内掌握了工作所需的所有技能,并借此成功地在公司继续工作了数年。可以说,约翰给我上了很重要的一课,让我对学习的过程和价值产生了一个清醒的认识。

学习是这样一件事：

过程：学习的过程并不如想象般艰难，而且一定存在久经考验的学习方法，帮助人们取得更好的学习效果。毕竟，那些取得了比我更优异成绩的孩子，也不是个个都比我更聪明，不是吗？

价值：学习的价值就在于它能够帮助我们打开无数可能的大门。学习的价值已经超乎了我个人的想象。它能够运用到工作、日常生活、兴趣爱好以及人生的方方面面，学习能够帮助我，成为想要成为的人。

到底什么是学习（抛开其学术层面的定义）？学习就是创造自己想要的生活；学习是让自己变得更好的唯一途径；学习也是每个人能够拥有的最基本的一项技能。如果我们不会学习，又将如何改善自己的现状呢？

因此，欢迎阅读这本书，在这里，你将最终学会如何学习！

CHAPTER 1
第一章

费曼学习法

我们是如何学习的？

这看起来像是一个简单的问题，然而几十年来的科学研究和报告会告诉你事实恰好相反。我们或许会简单地认为，学习是人类天生的本能，是人类从婴儿时期就开始参与的一个活动，无需任何事先的准备。在学生时代，我们是源源不断的信息和经验的接收者，在大多数传统的教育环境中，教师根据学生对信息的复述程度，判断学生学习的效果。学生没有选择学习内容的权利，只能被动地接收所有呈现到面前的东西。

按照这种方式，反复积累和呈现的数据和信息，几乎使我们下意识地相信，学习是一个自然而然的过程，我们只能监控它，但无法掌控它。事实上，影响学习的一些因素、限制和条件的确存在。了解这些因素，就能帮助我们避免错误，从而加速学习。为此，本书采用了科学的原理和方法，旨在帮助所有的学习者，实现快速地学习。

包括学习在内的所有心理活动，都受到内部和外部的各种因素和条件的影响。有些因素是可控的，而有些因素只能克服或规避。因此，本章将探讨能够驱动学习能力的科学原理，以及可以用来提升学习能力的一些最佳做法。换句话说，我们必须主动为学习创造有利的条件，否则，我们就是在损害自身的学习潜力。

毕竟，在沙漠中学滑雪，只会背道而驰，不是吗？

学习金字塔

声名远播的学习金字塔，也被称为"经验之锥"，它表明，用讲授给他人听的方式学习可以帮助学习者最大程度掌握所学内容。从本质上讲，以教授他人的方式学习是一种积极主动的学习方法，可以让人最大程度地发挥自我主观能动性。事实上，本书的大部分内容都将围绕着"被动学习的效果不佳，而主动学习更有效率"这一核心原则展开，而这恰好也是学习金字塔包含的内容。

有些人可能将其奉为圭臬，但我个人建议是，将下面的数据视为粗略的指导方针，反而可能收获最好的效果。但是，它们仍然展示了不同形式的学习方式，以及在知识保留率方面取得的不同效果。学习金字塔理论的内容如下：

◎ 学完之后立刻教授他人或使用技能，可以保留90%所学的内容

◎ 学完之后立即练习，可以保留75%所学的内容

◎ 参与小组讨论，可以保留50%的所学内容

◎ 观看他人的展示，可以保留30%的所学内容

◎ 仅通过阅读学习，可以保留10%的所学内容

◎ 仅听讲座学习，可以保留约5%的所学内容

当然，这些数据不一定精准，甚至不一定被证实为正确的，所以，与大多数现代教育理论或模块一样，学习金字塔也面临来自反对

者的质疑。但学习金字塔的确显示了一个真实的总体趋势：参与度越高，学得越好；越是积极和慎重，学习的效果就越好。

毋庸置疑，将所学知识以教学的方式传授给他人是所有与新信息互动的方式中，参与性最强、参与度最高、最不被动的一种类型。教授他人不仅能够使信息在我们的头脑中扎根，还将迫使我们认识到自己掌握了什么，没有掌握什么。

教学能够帮助暴露学习者在知识层面的缺陷，这意味着我们需要指导他人，并进行解释，这也使得我们无法躲在一知半解的舒适区内，告诉自己"是的，我已经知道这是怎么一回事了，可以跳过它了"。如果你需要向他人解释一个知识点，这样的说法是无法令人信服的，你必须清楚地知道，每个步骤是如何起作用的，以及每个步骤之间的关系是什么。你还将被迫回答与所教内容或知识相关的任何问题，并理清各种不同的观点之间的确切联系。

"向他人解释发生了什么"，在本质上，是对学习者掌握知识的一个测试，而测试的结果，要么是知道，要么是不知道，不存在含糊不清的状态。如果学习者无法向他人解释，或转述自己所学的知识，那么他就没有真正地学会。不管是什么原因，在被迫通过教授他人证明自己的理解之前，大多数学习者会自以为自己无所不知。

让我们以摄影为例，根据学习金字塔理论，阅读和讲座的学习方式，能够保留的知识总共加起来是15%，这样的结果也是有道理的。我们从教科书或讲座中，能够学到的摄影知识是有限的，而通过视听辅助工具和示范——例如，某些角度会使物体看起来像什么，或如何使用计算机过滤打印等——将会对拍摄和处理照片的学习更有帮助。以小组形式，讨论摄影相关的技巧或心得，或许能够提供一些令人难忘的想法。当然，花时间练习拍摄和冲洗照片，必然能够带来最有效的第一手实践体验。

现在，让我们看看学习金字塔与教授他人有关的内容。在教授他人时，你需要强化他人对摄影基本知识的认识，向他们解释摄影的原则、类型和一般操作准则。理论上，在教授他人的过程中，你已经为学生提供了学习金字塔上的所有部分的内容，并将个人的摄影经历，作为知识提供给学生，以期能够指引他们的学习和探索。这甚至还没有包括你为这个课程准备内容和教案花费的时间。

所有这些与教学相关的活动，都是刺激大脑调用已经掌握知识的积极因素。从大脑中提取一些信息，比将信息塞进去更有用，能够带来更好的学习效果。这正是学习金字塔在最顶层（信息留存率90%）产生作用的原理。在教授他人的过程中，我们积极主动地从大脑中提取以前学过的知识，输出这些知识，重新组织语言表述，以确保别人能够理解和学会。这个过程又反过来强化了我们自身对知识的理解，并同时加深了我们的理解。

在将信息简化或压缩后，在大声地表达、解释或推理的过程中，你会惊讶地发现，自己获得了更多、更深刻的见解。通过将模糊的概念转化为具体的文字和图像，学习者能够理清个人对知识的理解。教授他人这一行为，将迫使我们将笼统的信息，拆分为可以迅速理解和消化的细小信息块，并传递给他人。在这个过程中，既巩固了自己的所学，又传播了知识。

学徒效应

研究表明，需要教授他人的人，会更努力地理解、回忆和应用所学的内容，以期实现更准确和高效的理解。将自己掌握的知识和理解灌输到他人的头脑中，完成这项任务所需要的工作，将使学习者变得更有创造力、更有同理心、以及更具包容性。因此，辅导其他准备考试的人，在考试中取得的成绩，往往远比那些完全不关注他人的成绩更好。那么，这背后可能的原因是什么呢？

为了增强学徒效应的实用性，科学家们开发了虚拟学生程序，模拟教学活动。这些虚拟的学生，被称为"可教的代理（TAs）"。与可教的代理（TAs）进行互动的学生，其身份和地位，与其在传统的教学模式中的身份和地位截然不同——他们从传统的学生变成了教师。可教的代理（TAs）作为学生模型，能够像所有活跃的学生那样，提出问题，甚至尝试给出错误的答案。实验表明，使用可教的代理（TAs）进行教学的学生，成绩明显优于那些只为自己学习，没有使用可教的代理（TAs）作为反馈的同学。

斯坦福大学的科学家们，研究了可教的代理（TAs）对八年级学生在生物课上的影响。一些学生被要求学习生物概念，然后将这些概念教给可教的代理（TAs）。其余的学生，则被要求开发一个在线概念图，以展示他们对这些概念的理解。实验的结果显示，与可教的代理（TAs）合作的学生，花了更多时间参与概念的学习，并表现出更强的学习驱动力。简而言之，这些学生为了教授可教的代理（TAs），愿意付出更大的学习努力，他们认为自己需要超越自身学习的责任和义务，并进而愿意付出额外的努力，比如学习专业的知识，毕竟，还有一堆虚拟的学生等着他们去教呢！

斯坦福大学的科学家们，将学徒效应的效果归结为下面三个因素：

1. 保护自尊的缓冲机制：这是一种心理保护机制，让学生能够正视自身的失败，而不会产生常见的负面情绪。这可以成为一种强大的元认知力量，因为学生在没有失望情绪的刺痛下，更容易反思自身的学习缺陷或不足，这几乎是培养成长型思维模式和积极拥抱失败的速成课程。

2. 渐进式的智力发育观：当学习的过程变成了提供外部指导，帮助他人学习时，学生会花更多时间检查自己的理解，这将帮助学生们看到自身见解的审查和完善，如何影响自己的学习效果。

3. 责任感：不管是进行真实的教学活动，还是像前面的案例中，教授一个虚拟的可教的代理（TAs），都将促使学生对自己的学习过程拥有更多的掌控。当他们意识到，自己表达的信息，将被另一个学习者吸收时，他们就会更加小心和谨慎，确保自己从一开始就提供正确的理解。

当我们对学习的过程采取自觉和主动控制的态度时，学习总是会更加有效，这也是化身为教师后的学生自然而然会去做的事情。

了解了学习背后的底层运作原理之后，我们再来看看具体的操作步骤，其具体的步骤可以分为四步。

第一步　明确学习目标

在开始学习之前,需要先确定自己的学习目标,用清晰的指标将所要达成的学习目标表述出来。确定目标时可遵循SMART原则,即目标具体(Specific)、可以衡量(Measurable)、可以达到(Attainable)、与其他目标的相关性(Relevant)、设置截止期限(Time-based)。

1. 目标具体(Specific)

目标必须是具体的,将大的目标细分为一个个具体的小步骤,再用清晰的语言将各个小步骤里的具体任务描述出来。

示例:目标——我要加强对财富的认识。这种描述并不明确,因为"加强认识"有许多具体的做法,比如,学习书本知识,看纪录片学习,请教他人,参与理财,购买基金产品,购买股票等。有这么多方法,我们"加强对财富的认识"应该特指哪一种?不明确就无法评判与衡量。可以将目标再具体与细化为:我要通过看纪录片学习理财。

2. 可以衡量(Measurable)

设置的目标应该有一组明确的数据作为衡量标准,来检验学习效果是否达成目标。数据可以让人清晰地感知目标进度与完成情况,也可以在时间上进行量化。比如:我要通过看纪录片学习理财,如何才能显示自己是在认真学习?我们需要一个可衡量的标准,这个标准可以是：看200集纪录片学习财富知识，做300条笔记，花90天时间等。

3. 可以达到（Attainable）

评估想要实现本次学习目标，需要哪些条件及工具？哪些资源是唾手可得的？哪些障碍是无论如何都克服不了的？

学习目标的难度需要控制在相对科学的范围内。如果目标太大太难，实现机率小，人就会产生畏难情绪，丧失学习的动力；如果目标太简单，不具有挑战性，同样也会动力不足，使人丧失完成目标的兴致。耶克斯-多得森定律显示，学习动机的强度与学习效率之间呈倒U形关系，即学习动机存在着一个最佳强度。在一定范围内，学习效率随着学习动机的强度增大而逐渐提高，直至达到学习动机的最佳强度而获得最佳学习效果，之后学习效率便随着学习动机强度的增大而逐渐下降。一般来说，中等程度的困难有利于激发中等强度的学习动机，从而维持最佳的学习效率，达到最佳的学习效果。

4. 与其他目标的相关性（Relevant）

思考本次目标的现实意义是什么，实现本次目标与其他目标有什么样的相关性，如何为本次学习赋予很强的现实意义，将此次的学习目标与当下生活中的项目相联系。通过找到本次学习目标与其他目标之间的相关性，为本次学习赋予现实意义，能够催生出更强的学习动力，更有利于达到最佳的学习效果。

5. 设置截止期限（Time-based）

设置目标时需要考虑到时限性，给想要达到的目标设置一个完成的期限，而不是无限拖延下去。时限性强调了学习的紧迫性，规定自己在截止期限内完成学习目标，可以让整个学习过程更有节奏感，张弛有度。例如，我将在今年××月××日之前完成某事。××月××日就成为学习的确定的时间限制。没有截止日期，无法考核目标完成度，也会导致因拖延而带来焦虑情绪，不利于目标的完成。

在对学习目标进行实践的过程中，需要对要学习的概念进行深度理解，将关键知识进行概括提炼。可以参考以下问题对所学知识进行提炼概括：

（1）本次学习的概念、内容是什么

（2）它可以被运用在哪些地方

（3）它能与生活中的常识结合起来吗

（4）如何用日常用语来"比喻"所学知识概念

（5）能否基于自己的知识网络重新解释该概念

（6）自己对所学材料是否真正理解了

学习是一件有计划、有目的的事情，有了清晰的目标，才能勾勒出清晰的学习路线，有条不紊地完成学习任务。

第二步　讲授给他人

在这一步里，请将自己想象成一位老师，你需要将你所学的某个知识点讲授给你的学生。这也是本方法核心的一步：以教促学，即用输出倒逼输入，从获得的反馈中加深对学习内容的理解。以输出知识、获得有益反馈的方式，巩固强化所学内容，会对知识有更深的理解与记忆,能有效地将新知识转化为自己认知的一部分,并在头脑里搭建起新的知识网络。

尽管我们都知道,找到一位"学生",面对面进行教授才能使学习效果达到最佳。然而在具体实施的过程中,你也总是会受到环境、时间等条件的限制,无法完美实施这一步。因此,以下5种具体方法能够帮你顺利完成这一步。

1. 讲给别人听

"以教促学",最理想和最有效的方式就是将所学内容讲给他人听,要是八十岁的老太太和八岁的小孩也能听懂,那说明你已经掌握了这部分知识。由于讲述时面对的是真实的人,这样可以很大程度上调动学习的积极性和提高你在讲解过程中的专注度,将被动学习转变为主动学习。在讲解的过程中,如果能用自己的语言,做到简洁明了,说明大脑已经对该知识进行了一次加工,那么学习内容就会更牢固地留存在你的大脑里。

2. 讲给自己听

在自学时,由于条件限制,较难在学完一部分内容后就能立刻找到一个愿意听你讲述的对象。此时,你可以用讲解给自己听的方式来获得反馈。尝试着将学到的知识先给自己讲解一遍,看自己是否像想象中那样对知识获得了理解,或者至少能透彻地解读某个知识的一大部分内容。比如,你可以在讲解的过程中进行录音或者视频录制。在讲解结束后,观看和解析自己的录音及视频,从中获得反馈。还可以将录制好的视频发给亲朋好友观看,向他们寻求一些建设性的反馈。最后,同样的,将反馈整理成笔记,以发现自己的问题所在。

3. 做练习

这种方法较为方便，不需要他人的配合，可以随机展开。你可以在学习完某项任务后，给自己安排练习的机会。这种方式的好处是整个过程不依赖于他人，可以自己独立完成。但也由于整个过程需要学习者具有强大的自控能力和自我管理能力，所以这种方式比较适合心智成熟的成年人，对年龄较小的孩子不太适用，年龄较小的孩子需成年人督促。

4. 考试

考试是一个人在接受学校教育的时候，接触到的最常见的、最直观的学习方法。在学习完一章节的内容后对其进行测验，老师与学生就可以迅速知道哪些知识是已经被掌握的，哪些知识是尚未掌握的，再根据反馈，进行有针对性的学习。当然，学校中的考试有时并不能对学习内容进行及时反馈，因此最好和其他方法搭配使用。

5. 实际运用

将所学知识运用到实际生活中去，在运用的过程中得到相应的反馈。这种方法适用于试错成本不太大的活动，比如英语学习。在学习完一个话题后，可以找朋友聊聊天，或者去需要讲英语的场所与人交流。如此，你对自己真实的语言掌握水平就会有一个比较客观的认识。再比如，在学习完某些编程知识的内容后，可以自己尝试着设计一款软件，看软件是否能够成功运行，如果不能，出现的问题就是你所需要改进的地方。

完成了向外输出的过程后，学习者还需要获得反馈。反馈是调节和指导学习的过程。在你向外寻求诚实、富有成效和建设性的反馈时，需要注意调整自己面对反馈的态度，别让负面反馈影响情绪。同时，你在向他人提供反馈时也应注意方式方法，一味地批评或攻击，只会增加对方的焦虑或引发对方的负面情绪。

无论你选择哪种方法，你还需要根据接收到的反馈制定一个切实可行的计划。这样可以确保反馈中的建议能够得到实施，以提升本次的学习效果。如果没有这个最终的计划，整个过程就没有任何意义。一个能够将反馈提供的指导方针付诸实施的行动计划，将创造一个积极乐观的学习氛围。而且，如果说提供反馈的人身上存在什么共同点，那必然是希望自己的意见能被听到！

那么，什么样的反馈才是有用的、能够帮助你提升学习效果的反馈呢？

有益的反馈，通常遵循下面几点原则：

越具体越好：奥克兰大学的教授海伦·蒂姆伯雷（Helen Timperley）和约翰·哈蒂（John Hattie）强调了为学习者提供非常具体的反馈信息的重要性，即他们做对了什么或者做错了什么。像"干得好！"这样笼统的反馈，并没有包含对你有价值的信息，而像"还没到那一步"这样模糊的说法，你可能无法理解应该如何改进，下一次如何才能做得更好。

因此，研究人员建议，不妨多花几分钟时间与对方深入沟通交流，让自己了解自己具体哪些方面做得好，哪些方面需要改进。在对方提供的反馈中，"我很喜欢你非常直接有序的计算方式"或"你真正掌握了这个故事中所有的事实"，又或"你在谈到数字时似乎有些焦虑，但这是可以解决的问题"，类似这些反馈可以帮助到你。此外，告诉你现在的做法与以前有何不同,也会十分有用。

越快越好: 即时给出的反馈,其效果总是比几天、几周或几个月之后给出的反馈要好得多。一项将延迟的反馈与即时反馈进行比较的研究发现,接受即时反馈的学习者,成绩呈现了显著的提升。来自明尼苏达州大学的另一个研究项目显示,收到大量即时反馈的学习者,能够更好地理解他们刚刚阅读的材料。

延迟反馈会让你在活动结束和学习时刻之间产生遥远的心理距离,而这种时间差,会削弱反馈的积极影响。为此,最好腾出时间,让自己获得即时而迅速的反馈,以确保你的"学生"提出的建议和意见,能够在最短的时间内,以最有效的方式得到传达和理解。

将反馈与目标联系起来: 蒂姆伯雷和哈蒂指出,有效的反馈,往往需要围绕学习者正在努力实现的特定目标而展开。提供的反馈,应该清楚地传达其帮助学习者,朝着既定目标迈进的意图。例如"这篇论文应该为你最终的毕业论文打下基础"或"你的分层手法很好,让你离美容师执照更近了一步"等。

要小心措辞: 反馈必须以鼓励而不是打击的方式提供。有些人对负面的反馈尤为敏感,会因感到被诋毁或羞耻,而让得到的反馈失去意义。因此,我们应该以不会让自己感到害怕或羞耻的方式,收获意见或反馈。换句话说,有时候我们需要得到那些包裹着糖衣的反馈。当然,要把握真实有效和悦耳动听之间的平衡,并非易事。试着想象一下,如果你对自己自信心不足,你会希望听到什么样的反馈。

积极的反馈,能够使接受反馈的一方,愿意采取新的行动,朝着既定的目标前进。反过来说,负面的反馈,则告诉学习者,你必须做出调整，你最初的努力，并没有取得令人满意的结果，而这会直接激发接受者的防卫本能。

但这并不意味着我们需要完全杜绝负面或批判性的反馈，但在遭遇这种反馈时，需要在互相尊重的基础上，将重点放在建设性的指导意见上，例如"我知道你在这部分的课程内容上遭遇了麻烦，但我相信你拥有足够的天赋来解决这些问题"或"错误不过是正常的过程，每个人都犯过错误，我们最终都能够从错误中走出来"。

知道了哪些反馈可以帮助学习者提升学习效果后，我们要怎么应对他人的反馈呢？负面反馈可能会造成压力，我们在寻求反馈的过程中就会更加理性，更有主动性，更能控制自己的情绪，会提醒自己不要因为一些毫无建设性的反馈而产生负面情绪。如此，我们就可以一定程度上克服负面反馈带来的压力，以更加积极主动的姿态要求他人提供反馈。然而，研究表明，我们越是主动要求获得反馈，实际遭遇的压力就越小。更深刻的是，如果我们能够要求对方提供诚实的、不留情面的、甚至是负面的反馈，例如"来吧，请直说无妨"，那么根据研究结果，我们更有机会获得满意的结果，并能更快地根据反馈做出改进或调整。

在请他人提供反馈之前，先问问自己想要获得什么样的反馈，你是在寻求赞赏、对项目的评估，还是寻求一个愿意提供指导和训练的导师？不要犹豫，请直截了当地请求他人给自己提供反馈。事实上，直接而具体地向他人寻求反馈，如"在这个领域，我可以做些什么来改进？"或"我怎么能够以不同的方式，处理这个问题？"这种直截了当的需求，能够帮助我们避开迂回而繁杂的敷衍意见，直接获得真实和有用的东西。

最后,如果条件允许,请尽可能地拓展提供反馈的对象队伍。你邀请提供反馈的朋友、同事或网友越多,就越有可能从众多不同的角度,形成关于某件事情的真正客观的评价。诚挚地邀请对方,大胆地提供直截了当和建设性的批判或意见。

第三步　重复回顾

当你在向他人讲授所学内容时,你可能会遇到卡壳、解释不清、或被对方的问题难住的地方。你需要将这些地方记录下来,之后,再次回到原材料当中,学习巩固那些没有牢固掌握的的环节,并为存在的疑问寻找答案。这是第三步要完成的任务——解决思维盲点。那些你讲不明白的地方,或者你回答不了的问题,就是你的知识盲区。一般来说,在第一遍学习完材料后没有掌握住知识的原因可能有以下几个:

1. 记忆问题

我们通常将大脑的记忆分为瞬时记忆、短期记忆和长期记忆。瞬时记忆的内容在大脑中存留的时间很短,只有几秒。学习就是要求你将瞬时记忆转变为短期记忆,再通过不断地复习巩固,把短期记忆转化为长期记忆的过程。而在第一遍学习时,很多记忆都属于瞬时记忆或者短期记忆,如果不加以复习巩固,很快就会被遗忘。

德国心理学家艾宾浩斯(Hermann Ebbinghaus)对遗忘现象做了

系统的研究。他通过实验数据将遗忘规律绘制成了一条曲线,称为艾宾浩斯遗忘曲线。这个遗忘曲线告诉我们,信息输入大脑后,遗忘也会随之开始。遗忘率随时间的流逝先快后慢。在最开始学习的短时间里,遗忘最快,随后遗忘速度逐渐放缓。我们新学的知识,一个小时后就会被逐渐遗忘;如果我们在一个小时内回忆并复述就可以很大程度上记住所学的知识;一天后再回忆并复述,将忘记的内容进行巩固和加深;三天之后再回忆所学内容……如此循环往复,信息就可以慢慢地转化为长期记忆,在大脑里保存下来。

2. 理解问题

难以将所学内容准确输出也可能是对知识的理解出了问题。如果你对知识没有正确而深刻的理解,在向他人输出时,就很难用浅显易懂、生动形象的语言将其阐述出来。向他人输出,是基于自己在理解和再次加工后的输出。如果发现自己对知识的理解存有一定疑问,在重新学习的过程中,你需要将知识拆解成一个个更小的单元,对其进行逻辑分析、结构分析,弄清楚每一个概念所指的是什么,各个概念之间的联系,整个课题最后的落脚点在哪里,本次学习内容的重难点是什么等等。当你真正对本次的学习内容理解之后,再用自己的语言讲述给他人听就不会太难。

3. 视野问题

如果你对学习材料已经烂熟于心,对每个概念、概念之间的关联、每个句子都理解得十分透彻,但还是觉得不太完整,这就需要你从视野方面找原因了。此时,你可能遇到了自己的知识边界。

想要扩大你的知识边界,你需要进行拓展学习。例如,你可以对学习内容追本溯源。弄清该知识的来源，找到关于它的更大的背景知识，并将更大的知识背景与当前所学内容联系起来。让当下所学的知识变成一个更大的知识脉络中的一根小血管。创造各种知识之间的连接，可以帮助大脑对所学知识进行定位，从而构建出更系统的知识框架。

你还可以对知识进行横向拓展。想一想与所学知识类似的结构或模型还有哪些？哪些地方相同，哪些地方不同？横向拓展是在知识周边建立联系，通常意味着你需要去做比较、找异同。比如达克效应与墨菲定律有哪些异同点？学习语言的方法可以迁移到运动技能学习领域去吗？将学习内容进行一定程度的拓展之后，你对该知识点会有一个更宏观、更系统的掌握，理解也会更加透彻，这些都将有利于你对该知识点的输出。

了解了没能完全掌握知识的原因后，你可以根据自己的具体情况具体分析，然后对症下药，对知识盲点进行二次学习，逐一攻破。重复与回顾这一环节，需要你根据获得的反馈不断攻破你的知识盲区，直到可以完整流利地讲述为止。

第四步　再次讲授

当你补充了在讲述中遇到的卡壳、疑问之处时，你需要再次用自己的语言去向他人去解释，用更精简、通俗易懂的语言去表达。如果解释得很复杂或令人迷惑，则需要进一步概括知识并精简语言。这个步骤看上去好像和前面的步骤没有太大差别，实际上却大不相同。

1. 再次讲授，是对知识的更进一步理解

如果讲述过程中有冗长啰嗦的地方，存在理解困难的地方，或者有需要花费很大精力才能解释清楚的地方，那就说明你对该知识点的理解可能并没有自己想象的那么透彻。想象一下，有的人只需三言两语就可以解释清楚爱因斯坦的广义相对论，而有的人需要翻来覆去解释一整天。你认为这两个人中谁才是真正理解相对论的人？毫无疑问是前者。

2. 语言表述更通俗

这一步需要你将自己的表述通俗化。我们该怎样向一个八岁孩子解释广义相对论？你可以花三分钟时间简单背一遍广义相对论的概念，但是他能理解吗？这种讲解是成功的吗？如果在向外输出的过程中，你大量使用了原材料中的语言文字，甚至直接照搬了复杂高深的学术用语，这意味着其实你并没有真正理解这个概念。你的听众（那个八岁小孩）并不能通过你的讲述真正理解"引力场"、"时空弯曲"是什么意思，此时你的解释不过是"站在巨人的肩膀上"，搭了个"顺风车"（并且你还把你的听众乘客丢在了车后）。如果能用简洁通俗的语言解释清楚一个复杂概念，不使用任何行业术语，让门外汉，甚至是孩童和老人都能理解，那才是真正的融会贯通。

3. 语言要更精练

在再次向外传授的过程中，你不再是简单地照本宣科，而是将这些专业概念内在化，将原来的内容打散，按照自己的逻辑重新排列，让新的知识成为自己知识网络中的一部分，然后再以一个最佳方式呈现给他人。

这有点像搭积木游戏：你照着说明书搭了一个城堡，你知道了城堡的框架是什么、应该有什么、最重要的是什么，然后你就可以抛开说明书，搭建一个自己策划构思的城堡。第一次搭建之时，可能耗费精力与时间，第二次转化为自己的知识之后，搭建工作可以更迅速，更简洁。所以，再次传授时，语言一定是提炼过、精简过的，将最核心且最能解释清楚的信息，直接传授给他人。

整个"以教促学"的过程是一个从浅到深，再由深到浅的过程。从对概念的学习，到对内容的深度理解，再到对知识的输出，学习者可以看见自己的思考过程和对知识的实际掌握程度，通过复习和查漏补缺来巩固薄弱环节，最后以通俗易懂的语言将知识再一次讲述给他人，从而达到对所学知识的真正理解及熟练运用。这个过程就像是剥洋葱一样，层层推进，在教的过程中不断发现问题，再逐一解决问题，化被动为主动。在一系列记忆、思考和表达等动作之后，新知识在你的大脑中产生连接。学习真正发生的时刻，就是在你讲解知识的过程中发现卡壳、再返回去重新学习的时刻。这种"以教促学"的方式，可以大幅度提升学习的效率。

创造适合学习的肥沃土壤

关注学习时的注意力持续时长

我们需要考虑的第一个学习条件,是学习者的注意力持续时间。自2006年以来,非营利性组织"技术、娱乐和设计"——TED组织——制作了一系列线上视频,邀请了来自商业和生活中各行各业的有影响力的演讲者和领导者,请他们就不同的主题进行演讲。TED演讲已经成为分享想法和传播灵感的极佳渠道和平台。

TED演讲取得成功的一个最重要因素,是其简短性:所有的演讲都必须控制在18分钟之内。TED演讲的策展人克里斯·安德森解释了这背后的逻辑:"这个时间足够长,使演讲者能够完成对一个特定主题的严肃探讨;但同时它也足够短,能够让观众有耐心看完。迫使那些习惯于滔滔不绝讲上45分钟的演讲者,把演讲的时间浓缩到18分钟,让他们真正去思考,什么是重要的,他们想要传达的关键信息是什么。"

好莱坞电影的时长,大多都不超过150分钟。2016年的数据显示,该年度的好莱坞电影,有一半的时长都在2小时以内。就电影而言,我们可以接收更长的时间,是因为在看电影时,我们通常只需要被动地接受信息,且有了视觉辅助,我们不需要额外动脑去想象它背后的信息,时间会在不知不觉中流逝。反观TED演讲,它更积极、参与性更强,而且信息更密集,除了一个演讲者在舞台上走动之外,几乎没有任何视觉的刺激。因此，TED演讲的时间必须更短。这些时长的设定，并非偶然，而是在精妙的计算后，刻意设定的标准，以迎合受众的注意力持续时间，并尽可能地产生最大的影响和效果。

但TED演讲和电影都会消耗脑力，尽管消耗的速度和程度不同。到了特定的程度，大脑就会感到疲劳，需要休息一下，需要充充电再继续工作，无论是以分散注意力的方式，还是以放松的方式。不管是1小时的讲座，还是3小时的电影，人的这种精神上的疲惫感迟早会出现。

研究表明，一个健康成年人的注意力持续时间，平均为15分钟。其他研究（微软公司）断言，人类即时注意力的持续时长——即单次注意力时段——已经下降到平均8.25秒。这比以健忘著称的金鱼还短，因为金鱼已经被证明能够稳定保持长达9秒钟的注意力。

说到学习，就必须要谈及人的注意力和记忆力，毕竟，你能够注意到多少，才有可能学习到多少，因此在学习和记忆力保持方面的许多研究，都强调注意力的持续时长。

那么，我们究竟在学习上能够保持专注多长时间呢？比如说，一次学习课程的最佳时长，应该是多少？美国路易斯安那州立大学学术成就中心的艾伦·邓恩建议，每次30分钟到50分钟，是学习新材料的理想时长。"少于30分钟，就讲不完新内容，"邓恩说，"但超过50分钟，对大脑来说，信息量可能会超出承受的范围，导致大脑无法一次性接受过载的信息。在完成一次学习课程之后，应该休息5到10分钟，再开始下一轮的学习。"

在20世纪50年代，研究人员威廉·迪门特和纳撒尼尔·克莱特曼发现，无论是清醒还是睡着状态，人体通常以90分钟为一个周期进行运作，这种模式被称为"超昼夜节律"。每个周期的开始，被定义为"唤醒"期，然后上升到高性能的中期，最后在"压力期"放缓。了解这个90分钟的超昼夜节律期，以及人体如何在更长的24小时节律（即昼夜节律）中运作，可以帮助我们预测一天中哪些时段最适合学习，以及如何围绕这些时段安排学习任务，以期获得最佳的学习效果。

这些例子和研究，指向一个改善学习效果的最重要策略：将学习拆分成小块进行。过长的学习时间，意味着过量的信息，最终可能导致所有的信息都无法进入大脑。当我们学会利用人体内在的能力、规避其限制时，不仅可以提升学习的效率，还能够节省大量被浪费的精力、时间和努力，毕竟违背自然规律的付出并不会让我们离目标更近一步。

拆分为短时段的学习

在训练身体的肌肉时，我们会选择负重训练。在这个过程中，人体的细胞或许会经历微小的、微观的撕裂和损伤，但是一旦得到修复，它们就会变得比之前更强大。从本质上看，人类的大脑并不是一块肌肉，但我们可以将注意力持续时间看作是一块可以训练的肌肉——我们要学会通过训练，设定自己的节奏。长时间过度的训练，只会令我们精疲力竭，但穿插了休息时间的分时段训练，反而会令我们变得更强大。

通过将学习活动分割成不同的时间块，我们就给大脑提供了足够的休息时间，使其可以重置和重振，从而让我们能够在更长时间内保留更多信息。因此，设定一个科学的学习时间表，就是开启全新学习流程的最佳方法。

长期规划：在新学期、在线课程或研究项目开启之前，先将学习时间拆分成小块，制定一个长期的学习计划，这个任务较容易完成，你可以在互联网上找到很多免费的在线日程规划软件，当然，也可以利用纸质的日历或一张白板轻松地完成这项工作。

首先要考虑一下，自己在一天中的哪些时段效率最高——有些人在早上的时候精力最充沛，容易取得最佳的学习效率，而有些人则是典型的夜猫子。在制定学习计划时，只要确保预留充足的睡眠和进食时间即可。事实上，无论是早上还是晚上更有效率，都是有科学依据的，我们可以用两个常见的词来总结，即早起的鸟儿和夜猫子。

如果你对自己大脑和身体的了解十分透彻，那么不妨按照90分钟的超昼夜节律周期，安排自己的学习日程。例如，以90分钟为周期，安排学习时段（记得将休息和疲劳的时间纳入考虑），这当然需要更仔细地反省和监测，但如果我们能够将学习时段缩小到更为具体的时间，确保聚焦在自己表现能力更强的时段，就可以进一步调整和优化既有的学习日程。

分段式学习：参考路易斯安那州立大学的研究成果，我们可以依据个人的学习目标，将学习的时间段设定为30分钟至50分钟的时长。请记住，30分钟的时长，足以让我们学到足够多的信息和知识，而超过50分钟，则会给大脑带来压力。因此，在学习时长的安排中，应确保在每个核心学习时段之后，安排一次相应的休息时段。

同样，学习时间段的安排还需要根据大脑和身体的个体情况进行微调。我们可以设计学习50分钟，加上10分钟的休息；也可以设计为学习45分钟，加上15分钟的休息。如有必要，我们甚至可以将学习时间缩短至30分钟。

你还可以选用有名的番茄计时器。这个工具体积小巧，使用非常简单，我们通常可以用它设计一个25分钟的工作计时，当作倒计时器使用。当然，我们还可以自由设置倒计时的时长，规定完成一项工作、任务，或者学习的时间等，设置完成之后，一键开始。此外，这个25分钟不是硬性规定，你可以设定倒计时的其他具体时间量。但不管具体的时长是多少，利用这个工具，我们就可以设定一个足够容易，但能够帮助我们坚持学习的时间框架。

根据注意力时长，设定学习时长，无论是小孩、大人都适用。

概念先于事实，理解先于记忆

1979年，研究者罗杰·萨尔乔发现，我们倾向于以多种不同的方式看待学习行为，但一般可以粗略地归纳为两个类别：浅层学习和深度学习。浅层学习与获得知识、事实和记忆相关；深度学习是指对抽象意义和现实的理解与掌握。在本书中，我们在探索不同的学习方法和技术时，会反复提及和运用这两个不同的概念。

使用"浅层"和"深度"这两个词，可能让人觉得，不管在什么情况下，深度都比浅层要更好，但事实并非如此。有些科目最好通过记忆来学习，而不是试图寻找一些"意义"或定义概念的背景。人类的大脑会自动地将这两个不同的学习过程匹配到不同的学习任务中。如果我给你一张写了30个随机项目的清单，并要求你记住它们，那么在大脑中搜索每个项目之间的模式或关系，可能完全没用。当手头的学习任务只要求简单的信息保留时，试图追求深度学习，只会浪费时间和精力。

但在更多的情况下，死记硬背的作用，是孤立事实，而不是将它们联系起来。死记硬背的学习方法，将事实作为单一信息进行记忆，并没有将其与基础的背景或更大的概念联系起来，因此无法与已经掌握的信息建立关联。有时候这是一个非常高效的学习方法，但通过死记硬背掌握的信息，很容易就会从短期记忆中消失。

世界上大多数可以学习的东西，都存在某种显性的或隐性的模式。而这些模式，往往才是我们真正应该学习和掌握的东西。坦白说，没有了这些模式，我们所学的东西也没什么用，因为模式让概念变得有用。没有模式，零散的事实之间的关联性就十分有限或十分短暂，因此根本没有研究的必要。这正是人类大脑几千年来的进化方式——只有当它们对生存有意义时，相关的数据和信息，才会被吸收、保留和理解。

为此，一门典型的课程，应包含一些大概念和一些细节。在这种情况下，最好的学习方法，是从大概念入手，即从那些将所有小细节联系在一起的总体概念开始学习。

最主要的原因是，许多小细节的信息看似十分随机，但通过大概念来理解时，它们之间就会产生关联，并形成一个整体的背景。这将使它们更容易被大脑识别和记忆。在这个过程中，我们要做的，是为整个概念绘制一张包含了各种细节的地图，这将确保我们可以将所有信息有效串联，避免迷失在信息的汪洋大海之中。

有时候我们可以放弃大量的记忆工作，这是因为很多概念本身就起到了解释事实的作用。与其试图通过死记硬背的方式形成记忆，不如跟着概念走，直到得出结论，而在这个探索的过程中，事实将自然而然地得到揭示和理解。就像大纲中的小标题那样，在适当地理解了大标题后，这些小标题将自然而然地落到实处，因为这是一个符合逻辑的自然进程。在了解了某种事物的运行规律之后，细节的事实就会有机地跟上，这样一来，理解和深入的领悟总是能带来更高的学习质量，从而避免简单地记住表面细节，而造成孤立地死记硬背的效果。

假设你正在学习美国米兰达权利的历史，你可以选择记忆所有的关键人物：最高法院的法官是谁，律师以及原告和被告的名字等；你也可以选择记住案件中的关键日期；还可以选择记忆所有参与诉讼和上诉的法院判决票数；还可以选择记住随后发生的案件的名称，甚至还可以选择全文背诵米兰达权利的内容（例如"你有权保持沉默"等等），但所有这些事实信息听起来非常无聊，对吧？

因为所有这些事实本身没有任何意义，所以大脑没有理由将其长期保留在记忆中（事实上，我相信你现在已经开始遗忘其中部分信息，哪怕你刚刚才读完！）。强调围绕米兰达权利而提出的更大的概念——被告的权利、警察执法的程序，或具有里程碑意义的最高法院判例——能够帮助我们在事实出现时记住它们。一个更宏大的叙事背景，会帮助我们将这些零散的事实放在一个整体背景下理解，并使它们具有意义。在这种背景下，大脑更有可能保留那些帮助它理解主题的信息。在理解了基本的概念，以及它们之间的互动方式之后，我们就能从根本上以合理的准确度预测具体的事实。诚然，你可能没有"背下"某些信息，但在必要时，你可以通过逻辑推理补齐这些信息，而得出的答案也将与记住这些信息的答案一致。

这就是所谓的概念学习。它向我们展示了如何根据某些关键属性对信息进行归类和区分，蕴含了对新的案例和想法进行模式性回忆和整合的需求。此外，概念学习并不是一种机械的记忆技术训练，而是一种必须通过构建和培养才能获得的能力。

在日常生活中运用概念学习

将概念的方法应用于学习和新技能的开发，即便在教室或自习室环境之外，也能够帮助我们获得新的意义，并且通过逻辑推理，帮助我们改善某些任务的执行效果，或提升工作效率。

以烹饪为例，学习做一道菜的标准操作，意味着学习一个新的食谱，以及遵循一个成分清单和一套操作说明。假设我们要学习如何制作意大利面的番茄酱汁，可以先在网上找到一个流行的食谱，然后打印出来，放在手边。这样就可以按照个人的意愿，重复制作番茄酱汁的过程，并最终对这些步骤了如指掌，直到可以在不用看食谱的情况下制作出美味的番茄酱汁。

但是，对于每个操作步骤的理解并不会在操作说明中列出。例如，这些操作说明不会告诉你，为什么要先文火熬洋葱和大蒜，为什么要把酱汁煮沸，或者为什么要炖煮一段时间。但如果我们理解，文火熬洋葱和大蒜是为了逼出它们的味道，煮沸酱汁可以让各种材料的味道充分融合，炖煮可以将所有味道充分发散，那么我们就可以更好地掌握整个酱汁的准备过程。

最重要的是，理解了这些操作步骤背后的概念，我们就能够更容易地认识它们，并将其应用到完全不同的菜肴中，例如用于制作汤、辣酱、肉汁和常规的肉汤及高汤等。更进一步地说，学习制作番茄酱汁的每个操作步骤的细节，可以为烹饪完全不同的食物打开一扇窗，哪怕这些食物可能并不是酱汁或汤汁类。这些技能，将能够帮助我们烹饪任何形式或菜系的佳肴。哪怕你只是知道哪些味道容易冲突、哪些味道容易互补，你就已经比那些只会死记硬背食谱的厨师高明很多。

如果你能够在掌握了每个步骤潜在的逻辑原理的前提下，在事情没有按计划进行时灵活机变，及时适应并作出调整，可以在必要时想出可行的替代方案，主动发挥创造力，解决出现的问题，那么你就能成为无需菜谱也可以做出美食的大师。这是因为，你不仅仅掌握了阅读食谱的方法，更彻底领悟了制作美味的食物到底意味着什么。

同样的道理也适用于各行各业，一个小企业主在计算税收预算时，最好了解税收的概念，以及税收的标准明细；一个音乐家在了解了歌曲中的节奏如何运作之后，能够更好地对鼓点进行编改；一个棋手在了解了整体战略之后，能够更好地布局每一颗棋子，而不是盲目地记忆棋子移动的规则。哪怕是简单的洗衣服，如果我们知道冷水和热水对衣物颜色的不同影响，就能够避免因为操作失误而损毁衣物。日常生活中的点滴细节，也能够让我们领悟到这个真理。

特定类型的教育和学习方法的普遍适用度和可迁移性非常高，使以前从未遇到过此类技能的人也有可能熟练地掌握相关知识，前提是他们需要知道如何学习。当然，我们可以选择学习任何知识领域的具体细节，甚至反复演练几次，以达到学习的目的；但如果我们能够了解将这些具体信息联系在一起的原则和概念，那么我们就能够更有效地保留和掌握这些事实或技能相关的信息。因此，在学习新东西时，我们可能需要运用已经掌握的概念，为新的知识构建学习的体系和框架。

启发式学习与概念学习的行为非常相似

启发式方法描述了一种思维或行为的模式，将信息进行分类，并提供不同类型信息之间的关系。启发式学习方法，利用了学习者对世界先入为主的概念或想法，并将其作为解释新信息及对后者进行分类的一种手段。

例如，我们在生日聚会上的一些行为方式，可能不会在葬礼场合出现（我们希望反之亦然）。这是因为我们在不同的场合或情况下，处理方式和行为方式的"准则"，以及我们在其他场合的表现，都蕴含了启发式学习的规则。为需要学习的东西建立启发式的规则并理解这些规则，总是能够帮助我们更快地学习和掌握新东西。

设计"有效失败"

在竞争环境中,我们倾向于将成就等同于成功,即获胜、积极的结果和找到解决方案等。但在学习中,取得成就的一个关键因素是失败。尽管听起来有悖常理,但正确的失败的确是将学习水平提升到一个新高度的关键因素。

"有效失败"是新加坡国家教育学院的研究员马努·卡普尔(Manu Kapur)提出的一个概念。这个理念建立在学习悖论的基础上,即没有达到预期的效果,与取得胜利一样有价值,甚至更有价值。

卡普尔认为,已经得到普遍认可的传统的灌输知识的模式,即从一开始就给学生提供知识的结构和指导,并持续提供支持,直到学生能够自己掌握为止,可能并非学习的最佳方式。虽然这种模式乍一看符合情理,但卡普尔认为,好的学习方式是在没有外界帮助的情况下让学生自主探索。

为此,卡普尔用两组学生进行了对照实验。第一组学生获得了一套"支撑"问题的帮助体系,即提供了现场教师的全面指导支持。第二组学生也得到了同样的问题,但没有得到任何来自教师的帮助,相反,他们必须通过合作,自主找到解决的方案。

实验的结果是,得到了"支撑"的学生,能够正确地解决问题,而没有得到任何指导的学生没能解决问题。但在缺乏教学支持的情况下,第二组学生被迫通过合作,深入研究相关的概念,获得了关于这些问题近乎本质的理解,并推测出可行的解决方案有可能是什么样子的。他们试图了解问题的根源,以及有什么可能的方法可以解决这些问题。

随后,两组学生就他们刚刚学到的知识进行了测试,呈现了截然不同的测试结果。没有获得教师指导的那组学生的成绩,明显优于对照组。没有成功解决问题的小组,在失败中发现了被卡普尔称为"隐藏的功效"的东西,即这群学生通过小组调查和探索过程,对问题结构产生了更深刻的理解。

第二组学生或许没能解决老师布置的问题,但他们学到了更多关于这些问题各个方面及根源的想法。这将能够帮助他们,在未来遇到新问题时,更有效地利用自身通过探索和实践积累的经验及知识,并最终取得比被动接收教师专业知识的学生更好的表现。

因此,卡普尔表示,第二组学生在探索过程中获得最重要经验的关键因素,是他们的误判和探索。当这个小组的学生积极努力地自学时,他们实际上保留了更多解决未来问题所需的知识和技能。

卡普尔指出,"有效失败"能否成为一个关键的过程,取决于下面三个条件,即:

◎ 选择"具有挑战性,但不会令人绝望"的问题
◎ 让学习者有机会解释和阐述他们的探索过程
◎ 让学习者有机会比较和权衡解决方案

无法解决的难题,是学习的必要前提条件,哪怕这意味着需要长期的自律和延迟满足。

帮助孩子们……失败？

我们也可以在儿童教育领域看到"有效失败"这个策略，但故意让孩子们体验失败，是否真的能够让他们更容易地学到东西？

昆士兰科技大学的朱迪斯·洛克（Judith Locke）表示，"无微不至的养育"，或许能够确保孩子们得到万无一失的安全和支持，但也可能会阻碍他们的健康成长。洛克观察到，在孤立无援的情况下长大的孩子，注定会在成年后感到焦虑不安，然而，对孩子的需求过度反应的父母，也限制了孩子自主解决问题能力的发展，并可能导致他们在长大成人之后，无法应对可能的挫折和失败带来的情绪冲击。

事实上，有时候我们会对自己进行过度教育，即要求自己绝不能失败，不惜付出任何代价也要实现预期的目标，要求自己绝不能陷入困境，当我们的愿望落空时，就会感到沮丧绝望。所以，我们到底如何才能够让失败为我们所用呢？

让大脑进入"成长"模式

如果我们盲目地相信自己已经拥有获得任何想要的东西或实现任何愿望的一切条件，那么在事情没有按照预定计划发展的情况下，我们必然会对自己感到失望。这是因为我们认为自身的能力是固定不变的，即如果我们不能根据已经掌握的知识或已经具备的能力去获得成功，那么我们永远都不会成功，这将使我们的失望变得更加深刻，并导致更严重的负面影响。

因此，在一个看似陌生的任务开始时，我们需要告诉自己的大脑，我们正处于学习模式。我们需要从一开始就明确的一个目标是，学习新的知识，而不是立竿见影地取得成功。通过重构行为的预期结果，可以让学习过程变得与结果同样重要，甚至在必要的情况下更加重要。

记录学习的过程

企业会使用"纸质跟踪"（或数字形式的跟踪）来记录和确定可能导致结果变化的节点或事件。同样的做法也可以运用到新学科的学习中。当我们正在学习一门新学科，接收海量信息时，保留学习的足迹，将帮助我们更有效地学习新知识，并为未来的学习完善及改进流程。

除了已经使用的各类学习工具和方法之外，设置一个日记或日志，专门记录具体学习过程中发现的新问题。这个日记可以采取各种各样的形式，可以是纸质的记事本，还可以是电脑上的文字处理或文本软件，或是智能手机上的录音机，选择自己喜欢的方式进行记录即可。以严谨的方式记录学习的过程和心得，就像厨师写下食谱的步骤，或侦探在调查过程中记录证据和线索那样。

这些笔记可以成为知识的核心要点，在未来的学习中派上大用场，哪怕当前所使用的东西和方法均以失败告终。每一次的学习过程，尤其是在失败的情况下产生的心得或想法，看起来或许微不足道，但如果我们能够利用从这些学习过程中获得心得或领悟，那么这些失败经历的价值就会增加。在日常工作中，我们或许会忽略这些微小的洞察力，但如果比较几周或几个月积累的进展，其效用可能会令我们大吃一惊。

以失败为鉴，计划后续的步骤

如果你已经记录了学习的过程，并诊断出哪里出了问题，导致了失败，就可以将这些得失的总结用到其他的项目或流程中。

例如，假设你首次尝试打造一个花园，并对整个过程的所有步骤和使用的技术进行了记录，到了收获的时节，发现一些植物并没有按照计划生长。这时候，你就需要反思，是不是因为用错了土壤？如果是，利用手头的资源，找出为什么土壤不合适，以及正确的土壤应该是哪一种。亦或是因为植株之间的间隔不够？如果是这个原因，就要学习如何在有限的空间内种上尽可能多的植物。

我们举一个更为常见的案例，假设销售量没有达到预期，且你已经发现了原因是销售预期过高，就可以重新设定销售目标。如果原因是销售技巧不行，那么就可以寻找更有效的营销方法，或开展提升交往能力的研讨会。如果原因是没有开发足够的客户，那么就要学习如何拓展自己的专业网络，使其变得更广泛、更有效。

要做好受挫的心理准备，但不可屈服于挫折

不管做什么事情，我们都有可能遭遇那么一两次失败，甚至半途而废。你可能在工作开始之前就预感到失败或想要放弃，这种会令人

沮丧的焦虑感，可能从工作伊始就萦绕在你的心头。

提前预见挫折和失败，是合理规划的一部分，但预见失败的同时，我们也要预设应对之法。最常见的办法，就是设想在失败发生时找到缓解失败感的方法。其中一个办法，是暂时休息，给自己充充电，并跳到局外看问题。仅仅是暂时休息，就能够让我们抽离主观的情绪，从客观的角度分析问题，从而更快地找到解决方案。不管能否快速解决，这都能够减轻我们在遭遇失败时产生的焦虑情绪，让我们有机会以一个更轻松的心态应对问题和失败。

为什么我们需要耗费心力，了解和掌握实现高效学习的先决条件？因为很多人在不了解心理以及生理层面上发挥作用的因素的情况下，就直接投入学习，最终事倍功半。此外，还有许多人认为，有效的学习是由花在一项任务上的时间来衡量的，但每个人都有不足之处，在学习前弥补这些不足，反而能够加快学习的进程。正所谓磨刀不误砍柴工，毕竟，科学的训练，才能够帮助我们延长注意力的持续时长，以及克服单纯死记硬背的困难。

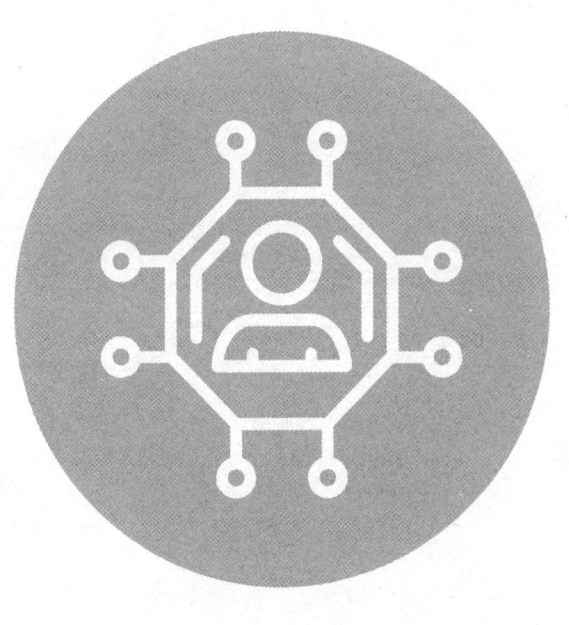

揭开让记忆长久保留的秘诀

记忆是如何影响学习的

毋庸置疑，学习与记忆能力有很大关系，如果我们记不住一样东西，就不能说学会了它！这就是为什么许多围绕学习的技术和方法都集中在记忆力的培养上。如果我们能够花时间去了解记忆运作的最佳方式，以及如何能够利用记忆力实现更好的学习效果，我们就可以大大地提升记忆能力。

如果我们将记忆视为存在于特定神经通路中的存储系统，那么学习实际上就是改变神经通路，使人的行为和思维能够适应新信息的出现。记忆能力和学习能力相互依赖，学习的目的是将新知识保存到记忆中，如果没有了学习及吸收更多新知识的能力，记忆将变得毫无用处。市面上的确存在各种各样的记忆技巧，但它们都必须与学习相结合，才能够真正地发挥作用。

记忆是存储和提取信息的能力（也是学习的过程）。形成记忆需要经历三个步骤，其中任何一个步骤出现错误，都将导致知识不能转化为记忆——或只能转化为很微弱或混乱的记忆，例如"我不记得他的名字了，但是他穿着紫色的衣服……"。形成记忆的三个步骤是：

1. 编码
2. 存储
3. 检索

编码

　　编码是人类通过感官处理信息的步骤。事实上，编码这个过程一直在持续，在阅读这段内容的时候，你实际上正在进行编码。人类利用感官进行信息编码的方式，可以是无意识的，也可以是有意识的。例如，在看书时，我们通过眼睛来编码信息，但我们的大脑给予了它多大程度的注意力和关注？我们对一项活动投入的注意力和关注越多，编码的过程就越有意识——否则，可以说整个编码过程是在潜意识中进行的，比如在咖啡馆听音乐，或在等红绿灯时，看到车流经过身边等。

　　很多人会说自己的"记性不好"，这实际上是错误地将注意力的问题归咎于记忆能力。记性不好的人，可能很容易就忘掉刚认识的人的名字，这并不是因为他们的记忆能力不行，而是因为他们在被介绍时，根本没有关注对方的名字，但可能会清楚地记得，在相互介绍时，旁边经过一条棕色的可爱狗狗，这就是典型的注意力偏差导致记忆力低效。

　　此外，投入了多少注意力也决定了记忆的强度，进而决定了该记忆是进入人脑的短期记忆库还是长期记忆库。如果你在读一本书的同时看电视，那么被编码的信息可能不会太深刻或太强，因此很容易就忘了自己读过什么内容。同样的，相较于那些与你无关或超出认知水平的东西，你更有可能记住那些引发了强烈情感或有深刻意义的东西。

存储

存储是我们通过感官收集信息，并对其进行编码之后的下一步操作。在信息经过眼睛或耳朵之后，它将经历什么？这些信息有三种可能的去向，区别在于它们是否会成为有意识地指导其存在的记忆。人类有三种基本的记忆系统：感官记忆、短期记忆和长期记忆。

检索

记忆过程的最后一步是检索，也就是我们真正使用记忆，并可以说是学到了东西的阶段。这个信息检索的过程，可以是从无到有的回忆，也可以是需要提示才能唤起相关记忆。其他的记忆，可能只有在固定的序列中被记住，或作为一个整体的一部分被记住，比如我们在背诵英文字母ABC时，可能会意识到自己需要通过唱字母歌才能够记住它们的排序。通常情况下，我们在记忆编码和存储阶段投入的注意力强度，决定了检索这些记忆的难易程度（即前期投入的注意力越多，后期信息检索就越容易）。大多数的学习过程，不一定聚焦于信息的检索阶段，而是集中在信息存储的过程，那么我们可以做什么来帮助这些感官记忆或短期记忆转变为长期记忆呢？

以考前的突击复习为例，我们希望阅读的所有信息在大脑中停留的时间超过24小时，这就意味着，这些信息必须超越感官记忆和短期记忆的范畴。你可能并不关心自己在一年之后是否还记得这些信息，因此这些信息可能会被推到介于短期记忆和长期记忆之间的模糊地带。实际发生的情况是，你将对信息进行足够的演练，以便在长期记忆中留下一个印记，但在考试结束后，这个印记会快速地消失。

加速学习的过程，从某种意义上说，与提升记忆能力和记忆吸收能力是一样的，越像海绵，效果越好。这也能够让你有意识地控制那些通常在大脑中自动完成的记忆过程和步骤。如果你了解了记忆是如何运作的，以及记忆力如何服务于学习，那么就可以最大限度地榨取记忆的能量。

避免遗忘的科学

学习既是提高记忆力的过程，也是避免遗忘的过程。我们为什么会忘记？为什么不能记住这个事实？我们为何会让一些东西从脑海中溜走？

遗忘通常意味着存储过程的失败或缺陷，即我们想要记住的信息只成为短期记忆，而不是长期记忆。因此，遗忘的首要问题，不在于我们无法从大脑中唤起这些信息，而是这些信息从一开始就没有牢牢地被记住。导致这个结果的部分原因，是我们可能从未通过反复回忆，巩固这些记忆。换句话说，我们没有强化大脑中那些暂时形成的神经通路，没有将其变成长期的神经通路，因此大脑将这些信息视为不具备真正意义和重要性的信息，最终摒弃了它们。

有时候，我们很容易将遗忘视为失败的学习过程，但我们通常以下面三种不同的方式检索或提取记忆：

1. 回忆
2. 识别
3. 重新学习

回忆

回忆是指在没有外部线索的情况下，想起一段记忆。这意味着我们可以在一片空白的情况下，按照要求复述某些东西。例如，看着一张白纸，然后将世界上所有国家的首都写出来。我们能够回忆起的东西，往往是有着最强烈记忆的东西。我们对这些东西进行了足够的反复记忆，或赋予其足够的重要性或意义，使它们形成长期记忆。回忆就意味着进入大脑的存储空间，准确地找出想要的信息，并完整地予以重现。

当然，鉴于回忆代表了最强的记忆水平，它往往也是最难实现的，通常需要我们花上好几个小时反复演练或学习，才有可能接近这个记忆水平。一旦我们以回忆的方式获得了信息，遗忘也会变得很困难。在学习过程中，我们当然希望所有的信息都能够划归为这个类别，不过，下面这种记忆检索的方式，已经足够令大多数人感到满意。

识别

识别指的是在拥有外部线索的情况下，能够唤起相关的记忆。它与回忆的区别在于，回忆要求纯粹通过记忆来想起某事，但在识别情况下，如果我们得到一条小线索或一个小提醒，就能够想起相关的信息。例如，你可能无法凭空回忆出世界上所有国家的首都，但如果你得到了一个线索，例如首都的一个首字母，或与之押韵的东西，你就很容易想起它们的名称。这些线索足以"唤起你的记忆"，使你能够在开启记忆之后顺畅地继续回想。

在我们尝试记忆大量信息时，识别通常是我们的最终目标。这也是很多记忆技术和类似记忆装置能够产生作用的原理。因为我们已经知道，如果没有大量反复的记忆训练，我们将无法确保大脑能够存储和回忆如此大量的信息，因此我们试图将信息拆分成碎片，并通过容易识别的线索串联起来。有了正确的线索，我们就能够获得正确的方向，并逐渐想起大脑中存储得不那么牢固和具体的相关信息。

重新学习

重新学习无疑是最弱的记忆形式，它通常发生在重新学习或复习信息的过程中，而且每次重新学习的时间都会随着重复次数的增加而递减。例如，我们在周一学习了世界各国首都的信息，花了30分钟，那么第二天再学习这些信息，可能只需要15分钟，以此类推。不幸的是，这就是我们日常自欺欺人的地方，我们可能对一个概念很熟悉，但又没有能将其转化为足够牢固的记忆，以至于我们再次看到它时，基本上又需要重新学习一次。

当我们初次接触一个新主题，或已经忘了大部分学过的内容时，这样的情况就会发生。当我们处于重新学习阶段时，就意味着我们基本上没能把任何信息从短期记忆转化为长期记忆。因此，我们的大脑很容易就将这些信息视为不重要、不相关、不重复，不值得占用宝贵的记忆空间。

遗忘曲线

在追求学习成果的过程中，我们不仅在与薄弱的记忆编码和存储作斗争，也在与大脑尽快遗忘信息的自然倾向作斗争。

遗忘曲线非常生动地说明了这个过程。它是由心理学家赫尔曼·艾宾浩斯（Hermann Ebbinghaus）首创的一个概念。

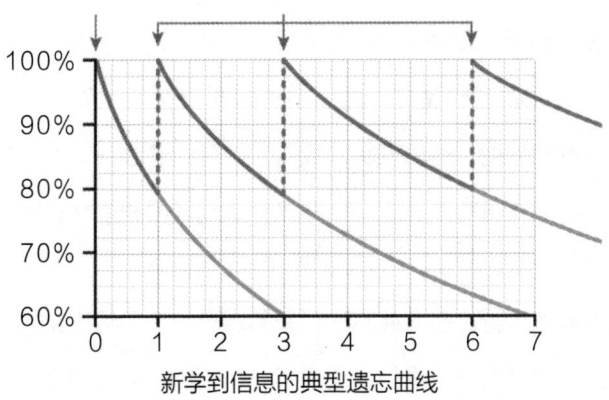

新学到信息的典型遗忘曲线

从这张曲线图中我们可以看到，如果没有试图将信息转化为长期记忆，那么随着时间的推移，记忆的衰减和遗忘的速度都会加快。假设我们在周一读了一些关于法国大革命的内容。4天之后，我们通常只会记得一半的信息。大概一周之后，只有30%左右的信息会保留下来。如果我们完全不复习学到的知识，那么最终能够保留的信息量大约只有10%。

但是，如果我们能够复习和演练，如上图所示，随着时间的推移，我们能够记忆和保留更多内容。反复地练习和学习，能够将信息保留水平再度提升至100%，然后衰退曲线的幅度开始变得更浅，这意味着记忆衰减的量减少了。这就好像在教我们的大脑，"这很重要，我需要一直了解这些信息，所以一定要记住它们"。

我们的目标是，使遗忘曲线的幅度变小——尽可能使其变成一条水平线。这也意味着记忆衰减幅度很小，而要实现这一目标，反复的复习和演练必不可少。

艾宾浩斯发现了记忆衰减的模式，并确定出两个影响遗忘曲线的简单因素。其一，如果记忆强有力，并且对个人有意义，那么衰减的速度就会明显减弱；其二，时间的长短和记忆的年限，决定了记忆衰减的速度和程度。这也表明，我们无法杜绝遗忘，但能够想出一些策略，让信息变得有个人意义，并更频繁地复习和演练，以减缓遗忘的速度和程度。

如前所述，特定信息并不一样，其本身的一些特质和非常具体的作用过程，使得永远记住信息变成了一个奇迹。因此，看过前文的论述，你可能已经意识到，提升记忆力，既要求我们有良好的编码和注意力持续能力，还要求进行适当的复习和回忆训练。

尽管能够回忆起信息始终是学习的终极目标，但我们应该更现实一点，以识别为目标，学习如何在日常生活中熟练地使用提示和暗示回忆信息。例如，我可能无法背诵最喜欢的歌曲的全部歌词，但如果听到旋律，我就能够跟着一路哼唱下去。如果我们都能够成为管理线索或提示方面的专家，就必定能够绕过记忆中无法逃避的遗忘机制，摆脱其限制，成功地永久掌握信息。

学习周期的五个关键

另一个提升脑力、充分利用记忆的内在机制的方法，是遵循学习周期。这并不是一种记忆技术，而是要求我们按照特定的顺序，在特定的时间内，使用一系列不同的学习或记忆技术，以最大限度地提升学习的效果。弄清楚学习周期背后的逻辑，也可以解释为何检索性学习和间隔性重复等学习策略能够取得非常有效的成果。

学习周期要求我们遵循五个连续的操作步骤，帮助大脑巩固新学习的材料，并在这个过程中，随着获得知识的增加和学习能力的进步，夯实学习者的自信心。这个良性的循环，也将帮助学习者保持高度的自律性和学习的积极性。通常，当学习者没有任何规划地坐下来学习时，因为缺乏明确的学习意图和目标，以至于最终浪费了时间，错过了真正学会和掌握的机会。但如果学习者能够规划一个规律性的、不断循环往复的学习周期，就可以掌握自己当前的进度——并将相应的学习步骤应用到所有的学科内容上。

学习周期包含的五个步骤，分别是：预习、专注、复习、学习和评估，重复循环这个过程。

步骤一：预习

不要一开始就一头扎进要学习的内容里，而是在一开始就要想办法了解正在学习什么样的内容，学习的大背景，以及为什么要学习等信息，对比形成一个整体的概念。预习是为了让学习者把握大局，但其具体的内容和形式将取决于需要学习的主题和科目的具体内容。

假设你需要学习教材中一个重要章节的内容，那么你可能需要先略读一遍，即通读主要的标题和副标题，任何带有标题的图片和图表，读一读章节结尾处的摘要、数据（如图表或表格），以及被突出显示为加粗部分，或引文或特殊格式的内容。这样一来，我们就能够为精读打下一个粗略的基础，并提供必要的线索或提示。

哪怕学习的内容并不是传统的纸质教材，我们依然可以从快速浏览材料入手，以获得一个整体的概念。假设你需要学习一首歌曲，不妨先快速听一遍，记住节拍、速度、调性，并对整体的旋律有一个概念。假设你需要翻阅一些学术期刊的文章，那么可以先翻阅摘要，大致了解每篇文章研究的问题、方法和结论是什么，再详细阅读。

步骤二：专注，即保持注意力

至关重要的是，预习环节将能够帮助我们将注意力放在需要关注的内容和领域（即最重要的概念）。在第二个步骤中，我们应该充分利用和发挥专注力，尽可能地集中注意力，充分调动学习积极性，不只是被动地坐在位置上聆听，或者只看教学视频而不做任何笔记。

在阅读或观看学习材料的过程中，充分发挥主动性。这就意味着你需要专注于被提供的信息，记笔记并积极提问（例如什么人、为什么、在哪里、什么时候、如何做以及什么样），并学会与学习内容进行"对话"。可以在书本的空白处记下相应的问题，之后找出可以回答这些问题的内容或信息。可以做摘要或简化图——在对这些新信息进行编码时，可以尽可能地调动全部的感官吸收信息。当你能够生成自己的学习辅助工具，并能够自主解释这些概念时，就能理解得更彻底，并保留更多的信息。

步骤三：复习

正如预习那样，在复习过程中，我们需要再看一遍，了解已经学习了哪些内容，哪些信息已经被吸收和掌握。仅仅是重新审视所学内容的过程，就能够进一步强化和巩固我们对它的掌握。在学习课程结束时，停下来进行复习和总结，再次回顾学习笔记和摘要，甚至可以再次回答在预习阶段提出的一些问题。

从本质上看，复习过程又是一个略读的过程，但这一次的目标不是了解所学内容的全貌，而是对所学内容的掌握程度进行一个快速的评估。这就要求我们钻研一些新的概念，重温主要的主题，并花点时间巩固和强化所学的内容。如果你在学习了一些新的数据之后立即进行检索练习，就是在教大脑不仅要将重要的信息归档，而且也巩固一条新形成的神经通路，以便在日后快速地搜索和回忆这些数据。

步骤四：学习

我们已经了解了需要学习和掌握的材料和内容，现在我们需要确保它们能够永久地在大脑中扎根。形成长期记忆的秘诀是什么？重复。以30分钟至50分钟为一个时间段，反复学习已经学过的概念、定义、问题或想法，以加强理解。在这个过程中，要尤为注意那些对自己来说最困难的内容，但同时也要记住，将每个单元的内容与整体的框架联系起来。在这个阶段，我们可以借鉴前面所有步骤的积累，坐下来仔细地学习和研读需要学习的内容，将其牢牢地编码到大脑中。

步骤五：评估

在评估阶段，我们需要审查整个学习过程的效果，检查自己保留了多少东西，但也要问问自己，在整个过程中，学习技巧是否得到充分的发挥和运用。可以尝试利用一些测试或问题，评估自己的表现和记忆能力。根据评估的结果，相应地调整下一次的学习方法。

当你能够自信地将所学的概念传授给他人，并相信自己的理解能力，让自己能够重现这些概念，或在考试中取得优异的成绩时，你就能够确定自己已经正确地吸收了这些材料。另一方面，你可能在某些材料或内容上表现很好，但仍希望继续提升学习能力，例如调整在整个学习周期的不同步骤上花费的时间长短，或使用不同的主动阅读技巧等。

在完成一个学习周期之后,请从第一个步骤重新开始进入下一个全新的学习周期!

信息检索训练有妙招

如何利用这些关于大脑记忆规律的科学知识帮助我们成为更有效的学习者呢?在这里,我们将提供一个适用于训练记忆力的主要方法,即信息检索训练。

我们通常将学习视为一个吸收的过程,将信息视为传输到大脑中的东西:老师或教材为我们提供事实、数据、方程式和文字,而我们只需要坐着,接收和吸收这种信息就够了。这是一种单纯的积累过程,一种非常被动的学习行为。

这种学习关系,将导致我们学过的知识不会在大脑里保留很长时间,哪怕我们已经掌握了它,可能也不能学以致用。为了取得最佳的学习效果,我们必须将学习变成一个主动的行为。

这就是信息检索训练可以发挥作用的地方。

什么是信息检索

信息检索训练并不会将更多东西塞进大脑,而是帮助我们将知识从大脑中提取出来,并加以利用。这种看似细微的转变,将极大地提升我们保留和记住所学知识的概率。很多人都记得童年时玩过的抽认卡,卡片的正面是数学公式、单词、科学术语或图像,背面是"答案"——解决方案、定义、解释,或设计者期望学生能够给出的任何反应。

抽认卡的概念,源于一种被称为信息检索训练的策略。但实际上这个方法既不新鲜,也不复杂,它只是在某个图像或描述(正面)的提示下,请抽到卡的人回忆已经学过的信息(背面的答案)。

信息检索训练,是提升记忆力、保留对事实的记忆的最佳方法之一。尽管其核心理念十分简单,但信息检索训练的操作并不像被动地使用抽认卡进行练习,或检索所做笔记那样简单;相反,信息检索训练是一种积极主动的学习行为:大脑需要经历真正的挣扎、思考和处理,最终实现在没有任何外部线索提示的情况下回忆起相关信息的目标。

普加·阿加瓦(Pooja Agarwal)针对参加社会研究的初中学生,进行了长达一年半的研究。这项研究旨在确定定期安排的、不计其数的测验对学习和知识保留率的提升效果。

参与研究的教师并没有更改既定的学习计划,依然按照以往的计划开展教学指导,但差别在于学生需要定期参加研究小组开发的、针对课堂材料的测验,并事先知道,这些测验的结果不会计入他们的平时成绩或期末成绩。

这些测验,通常只涵盖教师教授内容的1/3左右,并且在测试时,教师必须离开教室。这是为了确保教师不知道测验涉及哪些科目或内容。上课时,教师将像往常一样进行教学和复习,且因为不了解测试将考查哪些内容,也无法进行有针对性的教学或训练。

这项研究的结果，在单元期末考试中得到了体现，并且呈现出成绩的大幅度提升。学生在小测验涉及的1/3内容上获得的分数，比小测验没有检测过内容的分数，要整整高出一个等级。仅仅是偶尔接受测试，让学生可以在毫无压力的情况下回答与学习内容相关的问题，就能够提升他们的总体成绩，并切实帮助他们实现更有效的学习。

阿加瓦的研究还提供了"什么样的问题最有用"等相关的见解，要求学生回忆已学信息的问题，比选择题（提供了可供选择的答案列表）或是非判断题更有效果。在没有任何口头或视觉提示的情况下，学生通过主动回忆所学知识，改善了学习的效果，提高了信息的保留率。

如何在生活中进行信息检索训练

信息检索训练的主要好处在于，它鼓励我们积极地努力，而不是被动地接收外部传递的信息。在学习完一次之后，采取一些实际的检测行为，比仅仅复习课堂笔记或重读书中的段落更有效果。

在努力回忆所学知识时，我们存储在记忆中的知识将被激活，而信息检索训练就是激发这种记忆激活的运动，让我们更容易学会并保留新的理解或信息。如果我们能够将概念从大脑中提取出来，这将比试图不断地将概念重复塞入大脑更有效。真正的学习，意味着我们在学习了新的知识之后，在需要时能够成功提取和运用。

在本节开篇处，我们提到了抽认卡的学习方法，以及这个方法如何用于信息检索训练的运用。但是它本身并不是一个学习策略，即我们可以使用抽认卡进行学习，但这并不是真正意义上的信息检索训练。

这是因为，很多学生在使用抽认卡方法检测学习效果时，并没有很认真地去遵循记忆激活的过程，他们看到卡片正面的提示信息时，简单地在头脑内回答，不管答案正确与否，然后直接翻看背面的答案，随机抽取下一张，并重复这个过程。然而，要想将抽认卡练习转化为有效的学习实践，需要花上几秒钟的时间，真正努力地去回想正确的答案，并且在翻开背面的答案之前，将回忆起的答案大声说出来。两种操作之间看起来差别不大，但实际上效果差别很大。在继续学习之前，学生学会通过实际的脑内信息检索并说出答案，就能够从简单的抽认卡练习中获得更多的好处。

在现实生活中——在没有教师、预制的抽认卡，或其他外界帮助的情况下——我们如何将所学的知识重新用于信息检索训练？一个有效的方法，是拓展抽认卡训练的用法，使其更具"互动性"。

在小学常用的抽认卡，通常很简单，因此可以尝试调整抽认卡背面的内容，拓展其适用范围，使其能够适用于更复杂的现实世界的应用，或自我学习，就像作家瑞秋·阿德拉尼亚（Rachel Adragna）建议的那样。

当你在学习课外或课堂所需的材料时，可以制作抽认卡，正面给出概念，背面给出定义。完成制卡之后，再制作一套卡片，给出如何在创造性工作或现实生活中重新处理或运用这些概念的"指示"。下面是一个例子：

◎ 用简明的语言，重写概念

- ◎ 写一部电影或小说情节，论证这个概念
- ◎ 用这个概念，描述一个现实生活中的事件
- ◎ 描述与这个概念相反的概念
- ◎ 根据这个概念，画一个图片

在设计信息检索训练的不同方法和操作方面，存在无限的空间和可能性。运用信息检索训练，可以帮助我们提取关于既定概念的更多信息，而将它们放在创造性的叙述或表达的背景中，将能够帮助我们，在现实生活中遇到这些概念时，更好地理解它们。人类大脑的记忆或许是善变且容易衰减的，它们天生喜欢愚弄我们，但只要方法得当，我们就可以将记忆塑造成对我们更有利的因素，实现更快速的学习。

间隔重复学习法

间隔重复又名分布式练习，其训练方法，是每隔一段时间，开展重复性的学习和训练。这种学习方法会有针对性地直接解决间歇性遗忘的问题。

间隔重复学习法是提升记忆力的重要方法

间隔重复学习法直接对抗了人类的遗忘天性，让大脑最大限度地利用和发挥记忆的功能。当然，其他的脑力训练方法也同样重要，比

如增强编码或存储的能力，以及增强信息检索和回顾的能力。大脑生成有效记忆的3个步骤中：信息编码、存储和检索，间隔重复直接作用于最后一个步骤，即信息检索。

为了更好地记忆和保留信息，我们应尽可能在更长的时间内分散式地演练和吸收信息。换句话说，连续20天每天花1小时学习的效果，比在周末连续学习20小时的效果更好，前者能够形成更强的记忆，保留更多的信息。这个规律，适用于所有可能需要学习的科目或内容。研究证明，在一天内反复阅读几十次的效果，远不如在连续几天内分散式地进行多次阅读。

如果我们将大脑想象成一块肌肉，就能够更好地理解间隔重复的作用和效果。我们能明白，肌肉不可能一直处于锻炼状态中，在几乎没有任何恢复的情况下再度投入工作。同理，人类的大脑也需要时间，建立概念与概念之间的联系，形成肌肉记忆，并对一些东西形成普遍的熟悉感。研究证明，睡眠是建立神经通路的最佳路径，这不仅仅体现在精神层面，在睡眠过程中，大脑中的突触连接也在发展和形成，树突也得到刺激。

如果运动员像我们经常做的那样，无休止地压榨自己，开展长时间不间断的锻炼，那么很可能会出现两种不好的结果，要么运动员疲惫过度，使得后半程的训练毫无用处，要么运动员因为过度训练而受伤。就像适度的休息和恢复对运动员至关重要那样，休息和恢复也是学习过程中不可或缺的部分，有时候，持续而长期的努力反而会适得其反。

间隔重复的学习计划

下面，我们一起来看看间隔重复的学习计划应该是什么样的：看看这个学习计划，在整个星期里，我们只多花了75分钟的学习时间，但却成功地将整个学习内容反复学习了6遍。不仅如此，在这个过程中，我们有可能已经把大部分内容牢牢地记在脑子里，因为我们全程都在主动回忆，而不是被动地回顾笔记。

完成了这个过程，我们就为下周一的测试作好了准备。事实上，我们可能在周五的下午，就已经为下周一的考试作好了准备，完全不需要在周末的时候临时抱佛脚。间隔重复让大脑有足够的时间处理概念信息，并在重复过程中，建立概念之间的联系和飞跃。

想一想，在我们反复接触一个概念时，会发生什么？或许在最初的几次接触中，看不出任何新意，但随着对概念熟悉程度的提升，我们对它的理解也不再流于表面，而开始从更深层次的角度审视这个概念，并开始思考其背景和规律。我们开始尝试将它与其他概念或信息联系起来，并最终实现对这个概念的深层次理解和掌握。

所有这些训练，都是为了将信息从短期记忆转化为长期记忆。将增加复习频率作为目标，而不一定需要增加整体的学习时长。尽管保证足够的学习时间和足够的重复次数都很重要，但关于间隔重复和分布式练习的研究已经清楚地表明，预留足够的反思和消化时间是实现高效学习的必要条件。

这种类型的学习将占用更多的时间用于复习和规划，但即便在时间仓促的情况下，我们也可以进行战略性调整，利用间隔重复学习法。

星期	学习时间	学习内容	时长
周一	10：00	关于西班牙历史的基础事实学习，并积累了5页笔记	—
周一	20：00	复习关于西班牙历史的笔记，但不仅仅是被动地阅读，而是要尽力根据笔记回忆相关的信息和内容。相较于简单的重读和笔记复习，回顾是一种更好的处理信息的方式	20分钟
周二	10：00	尝试在尽可能少看笔记的情况下，回忆关于西班牙历史的信息。在第一次尝试尽可能多地主动回忆信息之后，回过头看看笔记，检查哪些内容被遗漏，并记下需要仔细注意的地方	15分钟
周二	20：00	复习笔记	10分钟
周三	16：00	再次尝试在不看笔记的情况下，回忆相关信息，并在回忆结束之后查看一遍笔记，确定自己是否遗漏了任何信息。要确定不要图省事地跳过任何步骤	10分钟
周四	18：00	复习笔记	10分钟
周五	10：00	进行主动的信息回顾和激活训练	10分钟

如果我们学习的目标仅仅是应付测试、考试或其他类型的评估，这些信息没必要成为长期记忆，那我们只需要让这些信息短时间内成

为工作记忆，并将其部分编码到长期记忆中即可。鉴于我们在完成测试、考试或评估之后无需再记住这些信息，我们很可能只需要形成短短几个小时的短期记忆。

如果我们处于考试前最后一刻的疯狂复习阶段，那么可能就无法真正做到间隔重复，但依然可以小规模地开展类似的操作。与其只是在晚上连续学习3小时，不如争取每天学习3个时段，每个时段持续1小时，这将确保3次学习之间仍有几个小时的间隔。

为了最大限度地利用有限的学习时间，提升学习效果，我们可以尝试一起床就学习，之后在中午、下午4点和晚上9点进行复习。请牢记，我们需要确保学习和复习的频次，而不仅仅是学习时间的总量。

在间隔重复学习的过程中，还需要注意的是，不要按照既定的顺序学习。打乱顺序让我们能够在不同的语境中了解所学的内容，更有效地对知识进行编码。另外，需要运用主动回忆，而不是被动阅读的学习方法。为了获得交错学习和间隔重复的最佳效果，不要害怕穿插不相关的学习材料，有时候，我们甚至需要刻意这么做。此外，还需要确保专注于所学信息背后的基本概念，以确保在必要的时候可以对无法回忆的内容进行有根据的猜测。

确保在考试前的最后一分钟仍在背诵和复习新信息。在最理想情况下，人类大脑的短期记忆可以同时容纳7种不同类型的信息，因此考前这段时间非常适合用来记忆那些无需变成长期记忆的内容或信息。这就像玩杂耍，我们不可避免地要丢掉手上所有的东西，但在此之前，要确保每一次留下来的东西刚好是需要的东西。我们要发挥主动性，充分利用所有能够有意识地使用的记忆类型。

间隔重复从不同的角度提升了学习的效果——强调信息检索能力的训练以及复习的频率，而不是强调长时间持续性地死记硬背。哪怕在时间不够充裕的情况下，也可以利用间隔重复为考试作准备。总的来说，就是让更多的信息进入大脑的记忆存储库，同时，需要强调频率而不是时长。当我们能够将学习和记忆分散在一个较长的时间段内，并经常性地重温相同的材料时，就能够收获更好的学习效果。

充分利用填鸭式学习

尽管我们都听过反对填鸭式学习，但大多数人依然进行了填鸭式学习，没有丝毫改变。

我们通常忙于其他事情，无法打乱既定的节奏，有时哪怕只是抽出5分钟时间都很难。我们需要学习许多其他科目的内容，进行无数的研究，并且在漫长的一天过去之后，感到疲倦或精疲力竭。这些都是我们填鸭式学习的正当——至少是现实的——理由。

填鸭式学习并非最佳的学习方法，但不幸的是，我们有时候别无选择。这里提供了一个补救的方法——首先我们需要回顾前文，意识到最有效的学习都是针对长期记忆的——因此，间隔重复再次成为了最佳的补救措施。间隔重复的主要目标是实现从短期记忆到长期记忆的飞跃，让我们不需要再反复练习或记忆也能够记住学习的内容。在它们成为长期记忆之后，我们只需稍加思考就能够回忆起相关内容，并且这些信息将永久地保留于大脑中。

抽认卡是最佳的考前复习工具。它将促使我们主动回忆，而不是被动回顾。在抽认卡训练过程中，我们必须主动回忆信息，并说出被抽中卡片背面的内容，而恰好是这种激发和提取隐藏记忆的行为，使其成为了有效的复习手段。

为了尽可能地发挥抽认卡的作用，不妨同时制作两套卡片，其中一套只包含定义和单一的概念，即用一个词提示一个术语或一句话。而另一套则将包括尽可能多的、关于单一概念的信息，这将迫使我们在一个词的提示下，回忆起所有相关的信息。这个操作，也被称为信息分块。而在短期记忆领域（正常情况下只能够容纳七种类型的信息），将信息作为一个大块，而不是较小的独立单位进行记忆，将提供诸多好处。这也意味着，当我们将更多信息放在每一张抽认卡上时，所有相互关联的一组信息就变成了短期记忆中的一个类型，而不是分散的信息。

在使用抽认卡进行复习时，将答错的卡片放回剩余卡片的中间或前面，这样你就可以更快、更频繁地看到这些答错的卡片。这将有助于尽快将正确的信息记到脑子里。

使用抽认卡进行复习，并不是一种被动的学习训练。而为了让这个方法有效，我们在训练过程中需要积极主动地回忆抽认卡背面的内容，大声背诵出来，然后根据卡片正面的单一提示，回忆起更多的相关内容。

最后，当我们不得不死记硬背某些信息时，尽可能多地使用记忆方法，我们还可以运用首字母缩略记忆法，每一个字母都代表了一个描述事实的词汇。

例如，如果我们用ROYGBIV来记忆彩虹的颜色，会变得更简单（即R红、O橙、Y黄、G绿、B蓝、I青、V紫）。

我们还可以创建短语作为记忆提示，这类记忆法的操作关键在于，要赋予某些东西以意义，让我们更容易记住，而这个具体的意义可能因人而异。缩略或代表的意象越是生动、越是离奇，就越容易记住，越容易提升学习效果。

掌握主动学习的好方法

低效的学习技巧和高效的学习技巧

研究员约翰·邓洛斯基（John Dunlosky）与他的同事一起，在2013年针对学习的相关技术和方式进行了彻底的研究。他们总共调研了10种不同的学习技巧，这些技巧之所以被选用，是因为它们"相对容易，因此更容易被大多数学生采用"。也许你已经采用过这些技巧，并取得了不同程度的成功。

根据每种学习技巧对学习目标的适应度和知识的保留度，邓洛斯基的团队对所有这些学习技巧进行了评级。正如预期的那样，被他们视为效果较差的五种学习技巧，恰恰是得到大多数人最普遍认可和使用的。

五种低效的学习技巧

第一种，归纳总结。在这种模式下，学生被要求写出对需要学习文本的总结。归纳总结的要点在于"确定文本的核心要义、抓住其要点，同时排除不重要或重复的内容"。邓洛斯基的团队认为，只有在学生接受过关于归纳总结的专门培训，并掌握了相关技巧之后，这个学习技巧才能够发挥应有的作用。

对于大多数没有接受过类似培训的学生而言，这种教学操作根本无法执行，因此也不会取得预期的效果。也许，归纳总结本身可能是有效的，理论上可以取得预期的效果，但其实际的执行过程可能并不正确。在这种情况下，错误的操作只会浪费大量的时间和精力，甚至赋予学生一种虚假的理解和进步感。

第二种，突出显示。 这种历史悠久、无处不在的学习技巧，指的是用颜色鲜艳的墨水笔，或用下划线标记相关的文字。研究人员发现，如果学生在晦涩的文本上使用高亮标记，可能会有那么一点点帮助，但总体而言，他们认为高亮标记事实上是一种容易导致分心的学习方法。因为它并不能够帮助学生从学习材料中获得额外的意义或推断。如果你习惯性地依赖突出显示的方法，那么你或许要尝试学会抛弃这种依赖，学会更积极地阅读。

第三种，各种各样的记忆法。 记忆法事实上是古老的学习技巧，即通过调用精神的反应或速记——如图像、歌曲、短语或首字母缩写等，来回忆已经学过的事实或信息。例如，在学习外语时，使用物体图片作为记忆辅助。

记忆法看起来似乎很有意义，并在有限的领域内得到了成功运用。但研究人员发现，虽然记忆法能够帮助我们快速获取与关键词相关的记忆，但仅凭记忆法实现"持久有效的学习"的可能性却非常低。这也符合我们在前文中讨论的，死记硬背的学习法和概念学习法之间的区别——即只要记忆法只鼓励表层的学习，它们就无法与更深层次的理解和领悟相媲美。

第四种，运用意象学习文本。 这是一种比记忆法更抽象的心理调用，这种方法鼓励学生在头脑中，或在纸面上，想象出一个形象或画面，以代表所读的段落或文本段的内容。这种方法，本质上要求大脑调动更多的感官，以更多的方式对数据进行编码，并将各种形式的信息关联起来。

尽管还需要对该主题进行更多的研究，邓洛斯基团队的研究人员发现，这种方法"前景广阔"。总的来说，他们认为使用意象的好处，仅限于记忆测试和非常适合图像创造或记忆回忆的文本。这个方法能否取得成功，往往取决于学习者是否明确地知道自己在做什么。

第五种，重读。邓洛斯基的团队发现，尽管重读和复习课文至关重要，且很容易执行，但其效果十分有限，并且有效性只会在重读课文的两个时间段的间隔期内持续。研究人员还认为，目前尚没有令人信服的证据，表明重读对学生的知识、能力或对主题的深入理解能够产生极其重要的影响。

你有没有过以完全被动的方式阅读文本的经历？即你的眼睛一直跟着文字在移动，但脑子却没有吸收到任何信息？阅读似乎是一件稀松平常的事，但如果学习者不能与需要阅读的文本概念建立任何真正的、深刻的联系，那么这种流于表面的阅读不过是纯粹的浪费时间。

尽管前述五种学习技巧也有其各自的优势，无论是便利性，还是当学生知道如何正确地使用时能够产生的有效性，但邓洛斯基的团队发现，这些技巧在保留深刻理解、学习的透彻性，以及适用性方面的作用有限，且常常受制于特定的学习条件。这些技巧和方法在形成表面意义或记忆方面或许具备一定的价值，但它们在理解层面的价值，比想象的要小得多。

以上就是邓洛斯基团队的研究成果，尽管他们证明许多常见的学习方法是无效的，但仍有证据表明，其他学习方法具备可喜的功效。有效和无效的学习方法之间，最显著的差异因素是学习者主动性的投入程度。相信看到这里的诸位读者，对这一结论并不意外。

五种有效的学习技巧

下面五种被认为最有效，而且知识保留率最高的学习技巧，它们是：

- ◎ 模拟测试
- ◎ 分布式练习
- ◎ 阐述性提问
- ◎ 自我诠释
- ◎ 交错式学习

模拟测试，即所谓的信息检索训练。这个练习要求学习者看着一张白纸，在没有任何进一步提示的情况下，从大脑中提取相关信息。

分布式练习，即所谓的间隔重复，是对大脑记忆工作方式的一种延伸。

在本章中，我们将主要探讨剩下的三种学习技巧，以及更重要的是，如何在自主学习的时候充分利用这些技巧。

阐述性提问学习法

"阐述性提问"是指对某一事实的原因作出彻底解释的行为。自20世纪90年代中期以来,教育心理学家迈克尔·普·雷斯利(Michael Pressley)及其同事对这个学习方法进行了研究。这个方法尤为适合用来学习细节信息和事实,哪怕是那些极容易被混淆的信息和事实。这是因为学习者不仅仅要知道这些信息和事实是真的,还需要解释为什么它们是真的。放慢理解信息的速度,让大脑真正理解信息,学习者就可以避开死记硬背的陷阱,形成更深层次的概念性理解。这不仅意味着获取和记住一个既定的解释,还要自主生成和创造解释,而这个过程将促使学习者形成更好的理解。运用这个学习技巧的一个好处在于,学习者拥有的先验知识和背景信息越多,这个技巧就越有效,因为学习者在学习新事物时,拥有更多的概念"框架"作为支撑。

要运用这个技巧,只需要经常提问"为什么?",因此其操作十分简单。有时候,我们可能认为自己已经彻底地理解了某些东西,但如果其他人要求我们清楚地概述它时(如有可能,大声地说出自己的解释),我们就会意识到自己的理解尚不充分。如果你在测试中回答正确,不妨解释一下正确答案是如何得出的,或者想象一下,如何能够清晰地为自己的同学概述这个解答的过程。通过了解这些步骤和方法,学习者就有机会在未来解决类似问题时,重复使用这些正确的步骤和方法。

自我诠释学习法

自我诠释是一个与阐述性提问类似的学习技巧，同样也依赖于学习者拥有的最可用的资源，即学习者已经掌握的知识。自我诠释指的是利用已经掌握的知识解释和理解新知识的过程。这就将学习新知识的过程，变成一个试图将新知识与已知信息关联起来的过程。

大多数学习者会经常下意识地使用这个技巧，但如果我们能够刻意地运用，便能够收获更多的益处。这个方法的有效性在很大程度上取决于需要学习的新内容的类型，以及对已有知识的掌握程度，并且为了实现效率最大化，这个方法最好与其他高效的学习方法结合使用。

利用已有的知识促进新知识学习的一个简单方法，就是进行类比。假设你是一个烹饪专家，正在学习复杂的实验室技术，那么你可以尝试将两者做一个类比，把做实验的过程想象成完成一道复杂菜肴的过程。

哪怕是创建一个归纳总结，也可以视为对这种学习方法的运用，但前提是学习者需要秉持提炼概念的精髓，并与他人分享，即向他人解释的精神，来进行归纳和总结。此外，这个方法可以与提问或创造性地记笔记方法结合使用。一个正在学习用乐器演奏新曲谱的人，可能会发现自己很难完成特定部分的演奏。于是他们会放慢演奏速度，拆分这些片段，更仔细地观摩或聆听范本。他们可以想象自己需要向其他人解释，为什么这首曲子这么难。通过类似的自我诠释，他们就能够搞清楚自己的欠缺之处在哪，例如新的指法或手的不同位置等等。这个学习者可能会一边演奏，一边在脑海中假装指导自己，例如"嗯，这一段的演奏效果看起来不是很好……你觉得原因是什么？看看第四根手指的位置，是不是有点奇怪？现在，你有没有意识到，你把上一首曲子里第四根手指的位置沿用到这首曲子了？所以导致整个技巧出了问题……好，请坐直，再试一次，深呼吸，在数到三的时候，把第四个手指展开，像这样……非常棒！"他们会不断地尝试新的方法，在这个过程中频繁试错，直到找到解决问题的正确方法。他们以动态参与和积极回应的方式调整自己的做法，而不是一遍又一遍无意识地重复错误，毫无寸进。

另一个提升自我诠释学习效果的手段，就是在努力学习的过程中，充分地使用具体的案例。我们可以用三个孩子分蛋糕的经典例子，说明我们学到的原则。道德主义者会根据一些先入为主的规则来分蛋糕，例如"人人均分"；然而功利主义者可能会说，我们应该按照每个人不同的幸福值来切蛋糕，最不幸福的人应该拿到最大块。因此，一个饥饿的小孩分到的蛋糕，应该比一个吃饱了的小孩要大。

在学习的过程中，学习者可以尽可能多利用不同的例子，帮助自己诠释不同的想法。如果可以，与他人讨论自己想到的例子，获取他人的反馈或建设性的评价。另外，如果有机会与教师交流，不妨分享自己的例子，问问他们的看法，以确保你已经准确地接受了教师们试图传递的信息或原则。

自我诠释还可以通过大声诵读来实现。加拿大滑铁卢大学的一项研究发现，仅仅是大声地背诵内容并听到自己的背诵，就能够比默不作声的阅读或写作保留更多的信息量。这是因为大声地诵读能够对大脑的长期记忆产生更深刻的影响。一开始你可能会觉得自言自语有点尴尬，但这只不过是大声诵读这一有效技巧的一个小缺点，克服这个缺点，并遵循下面的大声诵读技巧，你的学习效果必将得到提升：

（1）在大声诵读笔记或主题材料时，找出你认为重要的所有关键概念。

（2）缓慢而大声地念出每个概念，重复数遍，直到彻底理解和掌握。

（3）完成之后，休息三分钟，盖住画线的内容，测试自己能够复述出多少。在接触新信息之后，即时开展自我测试已经被证明能够提升长期记忆的能力，因此这个步骤至关重要。

（4）如果仍有没能记住的概念或内容，重复前述操作，直至全部记住。

交错式学习法

这是极其重要的主动学习的方法，要求我们摒弃被许多人视为技能或学科学习的高效方式和常见的学习逻辑，即：长时间不间断地学习一个科目，就好像在吃饭时，需要先把所有的正菜吃完，才能吃甜点那样。

分段式学习，是指一次性学习或练习一项技能，直至掌握之后，再进行新技能的学习。在完成一个技能的学习之前，学习者不会启动或开始新技能的学习：即在学习技能B之前，需要先学会技能A；且只有在学会技能B之后，才能开始学习技能C。如果我们以字母标识每个学习时段，分段式学习模式最终应该呈现为AAABBBCCC。

但交错式学习打乱了这种顺序，在整个学习过程中，将几个相关技能的练习打乱重组，使得最后的学习计划看起来像是ABCABCABC。

例如，在学习莎士比亚的作品时，我们可以按照剧作家的喜剧、悲剧和历史剧为划分依据，交叉学习。如果我们更进一步，从交叉学科的层面设计学习计划，那么可以将莎士比亚的作品、数学和非洲历史的内容安排在同一个学习时段内，执行交错式学习法。

交错式学习一开始可能看起来像是一种杂乱无章的、相较于其他学习模式更为随机的方法，那么实际上哪种方式能够取得更好的效果呢？研究表明，在运动型学习内容（身体运动）和认知（数学）任务方面，交错式学习实际上更有效。

交错式学习的优势

相较于传统的分段式学习，交错式学习呈现了令人惊讶的优势：测试表明，相较于分段式学习，交错式学习在学习效率和知识保留率方面实现了43%的提升。当然，你或许也读过反对多任务处理的研究，并认为多任务处理会导致思维的中断，从而阻碍学习的效率，但如果运用得当，精心设计的"中断"反而能够成为交错式学习取得最佳效果的秘诀。

交错式学习,能够使学生从既定顺序和秩序的舒适区中跳出来。与按部就班的学习流程和顺序比起来,这种刻意设计的干扰让学生更容易对所学的内容留下深刻印象。事实上,这也是一种信息检索训练:学生定期重温最近获得的知识,使其对知识的理解和保留率变高。我们找到信息、召回信息的能力越强,频繁回顾和复习信息的次数越多,我们将其与已知信息和其他科目内容联系起来的能力就越强,我们就越有可能充分理解并长期记住这些信息。

将概念或问题交织在一起,能够建立并强化它们之间的联系。学生们通常将概念视为独立的、自成一体的信息片段,并认为它与其他片段之间没有联系,或联系不明显。但定期复习以前讲过的材料,能够帮助学生发现这些联系,并鼓励他们在不同的技能和观点之间找到意想不到的联结桥梁。

与信息检索训练一样,交错式学习方法将学生的知识从大脑存储的概念信息库中提取出来,并促使学生积极地思考这些概念的适用领域。正如颗粒越小,总表面积越大那样,以小块形式出现的观点,似乎也会覆盖更大的概念范畴,并被认为与周围的活动和信息流连接得更紧密而牢固。与其将交错式学习视为一种干扰或中断,不如说在切换不同学习内容的情况下,这种方法能够迫使学习者保持警惕,更积极而专注地参与学习的过程。

交错式学习的双重好处

交错式学习能够带来双重好处：

首先，它能够提高大脑对不同概念的辨别能力。在分段式学习模式下，学习者一旦知道了解决方案是什么，整个学习过程中最困难的部分就结束了。但在交错式学习模式中，每一次的练习内容和排序都将与上一次不同，所以死记硬背或反复练习形成的条件反射将无法发挥作用。学习者的大脑必须不断地专注于寻找不同的解决方案。这种持续关注的过程，可以提高学习者的学习技能，以及对概念关键特征的辨别能力和掌握程度，从而帮助学习者选择正确的答案。

其次，交错式学习还能够强化记忆联想能力。在分段式学习模式中，学习者每次只需要在短期记忆中保留一种策略；但在交错式学习模式中，每一次需要学习的策略都将是不同的，因为每一次尝试的解决方案都将涉及不同的背景，需要满足不同的目标，因而每一次的尝试也会发生变化。这就迫使学习者需要每一次都开足脑力，尝试唤起不同的记忆。这是一种更积极主动、更具有挑战性的学习方法，它能够强化大脑在不同任务和反应之间的神经通路，从而增强和改善学习效果。

交错式学习法也可以有效地运用到文本学习中，但需要作更进一步的准备。我们需要牢记的一点是，交错式学习并不等同于多任务学习，这恰好是我们应该避免的一个误区。不要将所学的学科内容拆分得太松散，或交叉安排毫无关联的学科——在化学、英语文学和陶艺之间进行交错式学习，可能并不是一个明智的做法，有可能会导致事倍功半的学习效果。

相反，我们可以在一个单独的学习时段中，在相互关联的多个主题之间自由切换。例如，我们可以尝试在一个给定的学习时段内，处理多个不同角度或主题，但数量需要设定一个上限，通常情况下，每个时段安排的不同主题最好是3个，如果时间非常紧张，最多也不要超过4个。主题设定之后，就可以根据直觉，在同一个时间段内，自由地从一个主题的学习切换到下一个主题的学习。有些学习者可能会设定每个主题学习的时长，但在某些情况下，人为限制学习的时长可能并不有利于理解能力的提升。

即使安排的科目之间没有太大差异，我们依然能够实施交错式学习。例如，我们可以把英国文学、欧洲建筑和希腊哲学安排到同一个时段学习，这不会对整体的学习安排造成太大的压力。此外，能够刺激学习者在不同主题之间寻找关联的安排最有效果，例如将艺术理论、艺术技巧和60年代流行文化艺术史的研究结合安排，就可以很好地刺激学习者，找出3个概念之间的共同之处。

我们在本章中详述的所有学习策略，都旨在将学习到的信息变成可迁移和灵活操作的内容。我们不是要将这些信息死板地存储在大脑中，而是要将它们活学活用，对信息提出质疑、进行比较，并利用这些信息来推动新信息的学习与探索。通过将新的概念立即投入运用，并将曾经学到的概念与新的概念联系起来，我们就将接受教育的行为变成了深化理解的行为。如果我们能够做到这个程度，那么就很难忘掉学过的东西。

善于深入处理信息

我们与数据的接触和互动越多,我们就越能够理解数据,并记住数据。深度处理信息,就是要确保我们与想要掌握的新信息之间,不仅仅是流于表面的关系,而是能够有效地处理和理解信息。

让我们一起看看下面的案例:有人给你随机提供了一张项目清单,要求你阅读并尽量记住其中每一个项目。现在,想象一下,有人再次给你提供了同样的清单,但这一次,清单上的每个项目之间相互关联,构成了一个有机的故事整体,提供了开头和结尾,每个项目都在故事中扮演了一个特殊的角色。你认为在哪种情况下,你能够记住更多信息?可能是第二种情况,即讲述了一个与所有项目相关的故事的情境。

朱利亚·加利(Giulia Galli)在《精神病学前沿》(*Frontiers of Psychiatry*)上发表的一项研究解释了其原因,即:当涉及记忆和数据检索时,大脑倾向于"语义操作"而不是"浅层操作"。在信息附有意义时,我们能够更好地回忆,并更容易理解信息。神经科学家已经研究了新数据被"编码"到大脑中的方式。当我们试图仅仅根据其结构和特征,存储随机的、不含任何意义的数据时(例如,试图记忆一串随机的字母),记忆编码的深刻程度并不如以更有意义的方式处理时那样(例如,尝试记忆的不仅仅是一串随机的字母,而是由这些字母组成的、对你而言真正有意义的一些单词)。

通过观察不同的学习过程的大脑图像，神经科学家发现，大脑对信息实际上存在不同层次的理解，且更深层次的理解往往更有效。这也意味着，在我们的学习效果很好时，我们实际上是在征用一个完全不同的认知系统，甚至调用了大脑的不同区域。你是否有过"左耳进、右耳出"的学习经历？这种情况实际上是浅层编码未能在大脑中形成牢固的记忆。如果没有对数据的意义形成更深的理解，数据就不会有任何黏着性。

因此，学习（尤其是记忆）与其说是如何检索和回忆数据的过程，不如说是在遇到这些数据时，你如何将其编码并存储在大脑中的过程。一般来说，能够与已经掌握的信息相关联的新知识，拥有更强的"黏着度"。同理，与其他知识相关联的知识也是如此，即能够以叙述或顺推的形式彼此关联的信息。

大脑中与新数据接触的部分越多，新数据的编码也就变得越彻底。例如，当我们的所有感官都能够专注于某个场景知识的吸收，且这个场景激发了我们的情感反应时，我们就更有可能记住这个场景。同样，当我们能够理解新数据的实际应用及其意义时，我们从大脑中调取这些新数据的能力，优于那些一知半解的随机数据。

元认知

要掌握深入处理信息的方法，就需要理解和使用元认知。从本质上看，这本书是围绕元认知的练习展开的。元认知实际上非常简单，就是对自己的思维进行思考的能力，还可以被更准确地描述为认知的自我调节。元认知是我们不仅能够意识到自己如何思考，而且能够理解并根据我们自身的目的控制思考的方法和能力。

如果在看到数据时，我们能够了解自己为什么这样处理数据，那么我们就拥有了概念和塑造这个过程的空间及机会——这将使自己成为学习过程的一个积极参与者。同时，这也将增强我们对自身学习能力的信心，对发展的方向和原因拥有更清晰的认识，同时评估自身的进展，并在此过程中进行即时调整。这种能力，将让我们成为自己的老师。通过进一步分析，我们发现元认知实际上包含了两个过程。一，我们需要努力观察和理解大脑正在做什么；二，尝试去控制、调节和塑造大脑做正在做的事情。如前所述，我们只有完成了前一个观察和理解的任务，才能够开展第二项进程，作出改变。这是因为在改变一个东西之前，我们需要对其形成彻底的了解。自我调节，总是始于自我认识。

了解自己的学习情况。是什么影响了你的学习？你拥有哪些学习策略，哪些策略最适用于特定情况？你是如何独特地开展学习的？你的优势和劣势分别是什么？

调节自己的学习过程。你更远大的学习目标是什么？要怎么样才能够实现它们？考虑到你对自己的了解，你能够作出什么计划？你正在使用什么学习策略，它们的效果如何？你作出什么调整后可以取得更好的效果？

在深度学习中，我们在第一部分和第二部分之间不断地循环。当我们学习如何思考时，就设计出调节和优化这种思考过程的方法。通过观察调节和改善的效果，我们能够扩大和改变学习及思考的范围和能力,然后继续用新的东西,重复这个观察、调节、改善的过程。

在两种模式之间切换的元认知,在放大和缩小观察之间替换,实现对思考过程的观察与调节。第一步,我们经历思考阶段;第二步,放大并观察这个思考的过程;第三步,试图理解它,并解释我们看到的东西。如此,进行更细微的思考和调整并不断重复这个过程,就好像我们的头脑中不仅仅存在一种思想,而是两种思想——其中一个思想,在数据的领域发挥作用;另一个思想,观察和调节前一个思想。在这里,被观察的并不是数据,而是大脑处理数据的方式。

这个过程听起来十分复杂,但大脑进行元认知的次数可能比我们意识到的多得多。比如,你正在完成一些复杂的课程作业,这些作业挑战了你个人的理解极限。每隔一段时间,你就会停下来,注意到一些有趣的事情,例如,每当在课文中遇到图表,你就会被吸引,并花时间仔细地研究它们,但却对图表周围的说明性文字感到厌烦。

你注意到自己存在的特殊注意点——这就是元认知。你想知道,如果更多的材料以图表的形式出现,你是否会更容易接受它们传递的信息。因此,你转而花更多时间搜寻这些图表,或自己制作图表(认知),检查自己对材料信息的保留和理解程度(元认知)。经历了这两个过程之后,你不仅能够更好地掌握眼前的材料,还能够成为管理思维过程的高手,而这恰好就是学习领域可迁移技能的终极目标。

元认知与提问

虽然元认知要求我们对自己提出问题(例如,自己是如何思考的），但我们也可以对内容本身提问。物理学家海森堡声称："我们看到的并非自然本身，而是暴露在我们提问方法下的自然。"提问是所有深入理解和学习的根源。这要求我们转换视角，将学习视为对更好的问题而不是答案的追求。这种观点的转变，将使我们更有能力实现更深层次的学习。它提醒我们，当我们直接地接触未知事物，而不是过早地接受假设和已知的知识时，就能够在知识方面取得长足的进步。我们提出问题的质量，决定了答案的质量，而这，恰好就是学习的要义所在。

当然，有很多的老师会说，"这世上不存在糟糕的问题"，坦然承认自己的无知，确实不是什么丢人的事情，但有些问题的确比其他问题更优秀。比如，你是一个自然主义者，在外出散步时，遇到了一种神秘的花，你可以直接问一个知识渊博的朋友，这是什么植物，并获得一个答案。这也是一种解决问题的方法，你也可以从中获得新的知识。

但其实你从研究问题开始，就可能要经历一个完全不同的学习过程。你从面前的神秘花朵上能够看到什么？这种植物与你自己已知的植物之间有什么相似之处？它有什么特点？你对这个地区和这种植物生长的地方有什么了解？现在是什么季节？它周围生长的植物又是什么样的？哪怕你的植物专家朋友已经告诉你这是什么植物，你也可以进一步提问，例如，他们是怎么知道答案的？他们是如何将这种植物，与另一种非常相似的植物区分开来的？

获得答案代表了一种固定的、静态的状态。然而，如果情况发生变化，我们既有的答案或许会失效。如果我们不能够真正地理解这些答案是怎么来的，或者它们真正意味着什么，那么我们对相关知识的掌握其实是非常脆弱的。反过来说，哪怕我们知之甚少，但如果我们拥有了理解、询问和分析的工具和方法，我们的处境反而会好很多，甚至能够轻松地找到新的答案。

那么，一个好的问题应该具备什么要素？

一个好的问题，就像是一个好的工具，能够帮助我们实现目标、采取行动。好的问题能够扩大我们的研究和理解范围，能够帮助我们打开思路，看到事物的内在本质；一个好的问题，能够让思维流动、发散并引导出一个可能的启发性答案。一个糟糕的问题，只会扼杀思考、导致思维的闭塞，或将我们引入歧途。

在课堂上，教师要学会在适当的时机谨慎地提出适当的问题，以刺激学生的学习动力和行动。这些问题将引导学生的理解，挑战他们，并迫使他们将注意力集中在尚未理解的事物上。通过由内而外地掌握问题，学生们能够理解为什么会得到特定的结果。在自主学习时，我们就需要自己扮演这样一个导师的角色，利用好问题，促进和塑造自己的学习过程，以期取得最佳的学习效果。

你是否还记得，上课时老师提出了一个奇怪的问题，全班学生枯坐在教室里，绞尽脑汁地猜测老师的想法，害怕自己说出一些愚蠢的答案？这样的问题并不是好问题，因为它将人们的意识从理解内容转移到无关紧要的事情上，比如说"害怕犯错的羞耻感"。

在自主学习并自我提问的时候，我们需要确保自己不会像这些老师一样，错误地提出一些走过场的问题。你提出的问题，作为辅助学习的工具，必须要具备推动学习的功能，否则它们只会成为有效学习的阻碍，或更糟糕的是，导致你无法形成正确的理解。

要记住，在学习过程中提出的问题，目标并不是获得"正确的答案"，而是激发学习的动力，形成更深层次的理解。所有这些问题，应该是引导性的，而不是强制性的，它是一个让元认知发挥作用的工具。因此，如果你觉得自己提出的问题导致思维萎缩而不是扩展，那么显然它是错误的问题。此外，要避免在构思问题或回答问题上浪费太多的时间，因为我们需要将更多的时间和精力放在问题指向的东西上。如果这些问题没有指向比它们自身更伟大的东西，那么它们就不是好问题。

在学习的时候，忘掉需要遵循的时间期限、忘掉关于正确与否的判断、忘掉把内容简化为几个简单概念的愿望，将所有这一切都放在一边，以科学家般纯粹的好奇心和探索欲望，来看待面前的未知事物。一个好问题，可能会激发无数的好问题，带着探索的兴趣跟着这些问题走，看看它还能够带来什么未知的惊喜。

向自己提问的过程，事实上是与自己进行一场苏格拉底式对话的过程。遵循自己提出的这些问题，我们可以开启自主学习之旅。尝试重新表述脑海中的想法，让它们在大脑中反复地重构，放飞自己的思考和提问能力。不要将所有的事物都视为理所当然，不断地提出新问题。也不要害怕将自己的问题看成是探索的主题。想象一下，一开始，你只是尝试了解一个问题，就像我们尝试去了解一个人那样，这是一个充满乐趣的探索过程，而不是枯燥的学习过程，这将让你很快得出一个正确的答案。

更深入地探索需要技巧

在学习过程开始之前、过程中和结束后，都要向自己提问。在自己的周围搭建一个问题的支架，让知识可以在一个扎实的基础上不断累积。那么，要实现这一目的我们需要哪些技巧呢？

开启学习之前需要提出的问题

当然，提出问题的具体表述形式取决于特定的学习场景。在任何情况下，不要过于依赖预先形成的问题——真正能够发挥神奇作用的，是自主设计的问题。为了能够获得一个更容易的开始，读者可以考虑借鉴以下问题。

这些是关于"是什么"的问题，旨在引出某个特定主题的宏大背景。例如，关注的焦点和重点是什么？其性质是什么？有时候，你只需要确定要学的是哪种东西，就能够实现更深入的学习。我们要学习的，是一种技能、技巧，还是一种静态的知识？如果它是一个想法，那么它是什么样的想法？

不管我们要学习什么样的新事物，都需要依赖于我们已知的东西实现理解，这是一个无可避免的过程。那么，我们可以在新事物和原有的知识之间，建立什么样的联系？观察从来都不是中立的，在我们观察的时候，就已经开启了解释、理解的过程，因为我们下意识地选择了应该关注什么、忽略什么。所以，不妨问问自己，从自己的角度来看，需要学习的材料中最重要的是什么？根据这个问题，将材料拆解，分解成更小的学习单元，再逐个击破。如果是这样，那么应该从哪个单元开始才最合适？

假设你正在学习新的历史事件，它发生在你熟悉的一个历史时期，但发生在一个相对不太了解的国家里。你可以有意地自己："我不是很了解的东西是什么？"或"这个事件的主要内容是什么？我怎样才能够了解它？"

在开始学习之前提出问题，就好像给即将要学习的材料划定了一个范围。提出好的问题，能够帮助我们设定学习的目标，并制订出一个可行的学习计划。例如，你可以先找出自己需要了解的东西，然后为实现这个目标设定一条可行的路线。你是否可以效仿他人的做法？为什么可以，或为什么不可以？

在学习之前提出的问题，将让你看清自己的位置——你知道什么？不知道什么？拥有什么资源（参考资料、教师、其他学生的帮助）？你拥有什么独特的优势或劣势？学习前提出的问题，旨在帮助确定学习的背景，增强学习的意义，而这恰好是所有学习背后的最重要原因。你需要问自己，试图学习的信息有什么意义？它对你个人而言，真正意味着什么？它如何能够融入你的世界？

提出这些问题，也是给自己提供暗示和提示，帮助确定自己设定的预期，解释学习的方式是否有效。你可以思考一下，在掌握了这些知识之后，可以用来做什么？还可以思考，自己运用的特定学习方法，是否真的能够带来预期的诸多好处？你还可以直接提问自己：

我的方法是正确的吗？我还可以怎么做？

此外，还要持续关注自己的心态和态度是如何与材料进行互动的，使用元认知技能，关注自己学习的方式，以及如何改善它，以取得更好的效果。例如，相信自己从事的会计工作并不枯燥的心态或无意义的心态，能够带来什么影响？不同的态度，可能决定学习的过程是变得更难还是变得更简单。

学习过程中需要提出的问题

学习从来都不应该是被动的，一旦你为自己画好了学习路径图，了解了可能存在的困难和挑战，就可以开启学习之旅了。但你也要擦亮眼睛，保持开放的心态。在这个过程中，真正发挥作用的因素，是我们的意识。在学习的过程中，要定期地后退一步，观察正在发生的事情。

哪些是有效的？哪些是无效的？

在哪里遭遇了困难？哪些想法是顺利的？

什么在吸引自己的注意力？什么是出乎意料的？

请聚精会神地阅读需要学习的材料，如果遭遇困难，试着确定哪些地方令你感到混乱、复杂或陌生。通常情况下，遭遇无法理解的东西时，我们很容易感到恐慌，并倾向于认为，如果当前无法理解，就永远无法理解。有些内容，第一眼看起来非常困难、混乱或复杂，是因为我们只能看到它的一小部分，但这并不意味着我们永远无法彻底地理解和掌握它。

为此，要经常地提问自己，"这是新的、复杂的或令人困惑的内容吗？"这是一个宝贵的学习习惯，因为它会提醒你下一步应该怎么做。如果某件事情的确令人困扰，不妨问问自己为什么，以及可以做什么来解惑答疑。这就像在一个陌生的地方徒步旅行，你只需要抬起头来，偶尔停住脚步，问问自己："我当前在哪里？我是怎么来到这里的？我是否更接近目的地了？正确的前进道路在哪里？"

在学习的过程中，请记住，你提出的问题不仅仅需要关乎学习的内容，还需要关于你自己——即运用元认知的能力提问。当你围绕"我的思想此刻正在做什么"提出不同形式的问题时，事实上是在给自己提供一个机会，利用元认知能力去尝试不同的可能性。不妨问问自己，你可以提出什么样的问题。

观察自己的注意力走向，并留意自己的行为带来的影响。但是，这些问题不仅仅关乎智力水平和认知概念，也要涉及自己的动机、情绪和能量水平。你或许会注意到，随着课程的推进，你的自信心变得越来越强。这是为什么呢？这堂课的哪些方面增强了你的自信心，以及如何才能够收获更强的自信心？

或许你会注意到，你当天的情绪很低落，这种情绪也对你解决数学问题的能力产生了不利的影响。在了解到这一点之后，最好的行动方案是什么？

或许，休息一下再继续？你可以暂停学习，在感觉好一点之后，再回过头学习，并继续提出问题："现在，数学问题是不是看起来变得容易了？解题变得简单了？"将这些信息记录下来，以便在下一次遭遇类似情况时积极应对。

随着时间的推移，持续的提问将深化学习的效果，并帮助拼接出一张更大的理解之网。我们提出的问题，其答案应该帮助我们将正在学习的东西与已经知道的东西联系起来，例如"这如何融入整体的理解"等。假设你正在阅读18世纪的文学作品，你就需要不断思考当时的政治环境可能对小说的情节产生的影响。此外，还需要留意当前阅读的这部小说，是否包含了任何可能与之前读过的小说建立联系的模式。以及，截至目前，其他人对这部小说中独立元素的组合方式有什么样的看法？如果你不知道，你如何去了解？

在学习过程中，我们可以提出的一个万能问题是："如果我现在是自己的老师，我接下来会给出什么建议？"提出这个问题，可能会令你惊讶于自己在促进探索和发现的过程方面能够发挥多大的作用。只要给自己提供一个机会，提出正确的问题，你就会发现自己的潜力无穷大。

在学习结束后需要提出的问题

如果突然地结束整个学习过程，忘记一半所学的内容，错过整合和吸收过程中遇到所有新材料的机会，就未免太过可惜了。因此，学会在学习结束后提出问题，同样非常重要。一个概括性的问题是，你认为自己的表现如何？

当然，尽量避免评判自己的进步——以开放的心态客观地评价，看看什么对自己有用，什么没有用，这样的做法将取得更好的效果。不妨比较一下自己在学习之前和学习之后的感受有何不同。是否仍存在一些你无法理解的东西？以及更宽泛地问自己，这堂课的哪个部分对你来说最重要？

与其简单地复述学到的知识，不妨将其与自己更大的个人目标联系起来。例如，你可以利用所学的东西去做些什么？它是如何改变了你的个人目标的？你可能会发现，课程的呈现方式与个人的兴趣并不完全吻合，因此你需要调整下一次学习的重点，以突出和强调对个人而言最重要的东西。

尝试确定所有学过知识的精华和本质，并将这些凝练后的知识纳入知识库，将它与已知的信息放在一起，花时间去熟悉和掌握它。同时，开始问自己，接下来应该做什么？鉴于这部分知识和技能的学习已经完成，我们后续可以用它来做什么？

学习是一个循序渐进的过程。在这个过程中，完成一个阶段的学习，然后进入下一个阶段，并清晰地感知到自己正在缓慢但坚定地搭建一个知识框架，以确保掌握更完整的知识体系，可能赋予学习者巨大的驱动力和满足感。下一步，我们将如何"升级"自己，并挑战更高的难度？在学习结束时，问问自己，根据今天所学的知识，我明天能够做什么？

但是，跟踪当前的进展并不仅仅是一个现实的问题，你当然需要了解自己使用的学习方法是否真的有效，检测自己的记忆能力，评估学习的模式是否可行等，但同时也要记得询问自己的感受，以及这个学习过程对你本人产生了怎样的影响。

在评估这方面的影响时，不妨关注一下自己在完成学习之后的感觉，是感到兴奋、无聊、焦虑、困惑、高兴，还是其他情绪？除了要关注情绪和感觉层面的变化，还需要看看自己的思维和行为方式是否也发生了变化。一般情况下，问问自己，学到的东西是否让自己成为更优秀的人？是否让自己成为了想要成为的人？当然，每一天的变化可能微不足道，但整体而言，你是否正在朝着正确的方向发展？你是否喜欢当前选择的路径？是否喜欢正在改变自己思维方式的微妙变化？

在开始朝着任何学习目标进发时，我们可以提出的一个最佳问题是："一年后，五年后，或十年后，我将如何看待当前这个过程？整体而言，它是否会是一件好事？为什么？"这么做可能会令人压力倍增，但将学习的过程与深层次的目标和长期的目标结合起来，能够让我们在一条非常具有挑战性且需要无尽耐心的道路上，保持长期的专注和坚定的信念。

在知道要去哪里之后，我们就可以在过程中不断地检查自己选择的道路，并在必要时进行调整，确保始终朝着正确的方向发展。

现在，你已经知道在任何学习课程开始之前、进行过程中以及结束后应该提出的各种不同问题，但也可能会想，我上哪找那么多的时间来提问？好的问题实际上并不需要花费大量的时间或精力。我们越是练习有意识地关注正在做的事情，提问就变得越容易。因此，不要害怕定期暂停学习，评估自己当前的进展，以及学习的过程是否有效，因为你很快会意识到，这样做实际上反而更有效果，也更有效率。

掌握PQ4R提问法

PQ4R提问法是一种常见的提问策略，它能够帮助我们提高基本的阅读理解能力，增强记忆力，并让我们在考试中取得更优异的成绩。虽然这种提问策略一开始专门应用于有阅读障碍或其他学习困难的人群，但它实际上适用于所有类型的学习者。因为所有学习者都希望通过一种更有条理、更有效的方式处理阅读的信息。这个方法有助于提升学习者的整体理解力，让他们对阅读和吸收的内容形成更复杂、更丰富的理解。

PQ4R分别代表了**预习**（**preview**）、**提问**（**questions**）、**阅读**（**read**）、**反思**（**reflect**）、**背诵**（**recite**）和**复习**（**review**）。接下来，我们将具体分析每个步骤的操作。

预习

预习要求略读和扫视重要的标题、副标题以及插图或其他数据，如表格等。不要直接开始阅读，先观察所需阅读材料的整体结构，确定研究的方向，并试图把握整体的主题。例如，假设阅读的材料主要关于某位科学家的研究，你或许可以略过细节的信息，专注于这些研究的目的、方法和得出的结论即可。除了主要的议题之外，还需要关注文章使用的语言、作者以及他们写作的背景和动机。如有可能,甚至要注意那些刻意被忽略的事件及其背后的原因。而常见的THIEVES阅读法,能够帮助我们找出一些关键的问题。

◎ 标题(Title)。阅读文章的标题、主要话题以及主题,搞清楚它们与之前和之后的章节或作品以及个人的研究,在总体上有何关联?标题是否说明了作者的立场?例如,你可以猜测,写《印度转基因生物投资的隐性殖民主义》的作者,可能会对该领域的经济、政治和金融后果提出批判的意见,而不是纠结于行业保护或植物遗传学的科学细节等信息。

◎ 首段(Headings)。阅读文章开篇第一段的内容,问自己一些问题,这些问题将引导全篇阅读的逻辑和重点,并尽量在阅读下文的过程中,回答这些问题。

◎ 引言(Introduction)。阅读文章的任何开头部分、摘要或介绍性段落的内容。然后停下来思考自己已经掌握了什么信息,以及理解中可能存在哪些差距。回到前文的例子——《印度转基因生物投资的隐性殖民主义》,读完引言,你或许会意识到,你对其他国家的农业发生了如此巨大的变化略知一二,但对印度的情况并不了解。

◎ 每个自然段落的第一句话(Every first sentence in a paragraph)。着重关注每个自然段落的首句,看看能否从中归纳出整个文章的一般论点或逻辑结构。再次以《印度转基因生物投资的隐性殖民主义》为例,你可能会注意到,这篇文章从一些背景和历史知识开始论述,然后转向印度一个特定村庄的故事，随即论述了一些新立法机构的做法和当前存在的争议，最后以支持作者立场的一些证据作为结尾。

◎ 视觉材料和词汇（Visuals and vocabulary）。现在，看看文章中包含的图片、照片、表格、图表、信息图、地图、柱状图等等，阅读这些视觉材料的说明，仔细观察为什么作者会选用这些材料，以及它们对整体的概念起到什么作用。你可能也已经注意到作者运用了一种特殊的词汇和写作风格，它是正式的还是非正式的？充满了专业术语吗？以第一人称写作？被动语态非常多？思考一下，这些语言风格对整篇文章的理解造成了什么影响？找出文章中粗体或斜体部分的内容，或任何定义或引文，尝试分析为什么这些内容被突出显示。

◎ 章节结尾提出的问题（End of chapter questions）。在仔细阅读全文之前，请关注与之相关的任何问题，无论是练习还是测试问题。如果你能够将这些问题牢记于心，就能促使自己围绕这些问题，选择阅读的重点。例如，老师要求你读完一篇概述立法机构优缺点的1000字文章，你就可以在阅读过程中，特别关注优缺点的相关论述，并在阅读时突出强调或做笔记。

◎ 总结（Summary）。如果文章提供了一个总结或结论，那么请通读这个结论，以便形成对整个主题的完整理解。同时，检查自己在前面所有的步骤中，都理解了哪些信息，形成了什么样的总体理解。

这看起来似乎是一个非常漫长而复杂的阅读过程，但事实上，THIEVES阅读法，或其他类似的阅读法，可以在短短几分钟内完成。当你习惯于这个方法之后，就会发现自己能够在很短的时间内阅读完一篇新的材料。

提问

再次回顾文章的标题和副标题，并有意识地将它们转化为问题。例如，"光合作用的三种主要类型"的标题，可能会让你自然而然地提问，"什么是光合作用的三种类型？""光合作用的三种类型有什么不同？"或"最常见的光合作用是什么？"如果可以，请使用谁、什么、何时、何地、为何、如何等词提问，并尽可能尝试提出更多问题。

还可以根据预习的成果，提出一些一般性的问题，例如，你认为哪些是主要的主题？期望通过阅读学到什么？在完全吸收这些知识后，你希望能够更好地理解什么？

阅读

如果前面两个步骤准备得十分充分，那么你会发现这个阶段的阅读变得十分有针对性，你能实现更快的理解，能够理解更多信息。在这个阶段，尝试主动阅读，并积极响应所读的内容。在空白处写下问题，或者以标亮或下划线的形式突出显示重点信息。

大多数人在阅读时，不过是被动地用眼睛去看一些书面的文字，这就导致文章的内容水过鸭背，没有形成任何有效的理解。不过，在提前准备了所需的阅读技巧后，就可以使阅读过程变得更有智慧、更有重点、互动性更强。如果在阅读过程中，卡在了难以理解的生词或句子上，请停下来，彻底读懂之后再继续往下阅读。确保深入挖掘文章内容的含义，为此，你可能需要多读几遍，以彻底掌握其要义。

反思

我们需要反思所读的内容，这意味着我们需要整合所有的信息，使其具备更广泛的意义。在这个主题中，在一般的学科中，以及在个人的世界中，所有这些东西是如何结合在一起的？这个新的数据，如何与已知的信息结合起来？回顾自己在阅读之前提出的问题，看看自己能否提供正确的答案。

有没有什么东西令你感到惊讶？或许你在阅读的过程中，已经形成了自己的观点，并意识到自己从一开始就错过了一些信息，但现在你已经弥补了这些缺陷。阅读从来不是一个被动接受信息的过程，为此你需要一直提问自己，并尽可能地回应。

反思可以在各个不同的理解层面进行。一方面，你也许会问，这些信息对即将到来的考试或作业有何具体用处？这些新信息对这个话题、主题或一般的学科有何启发？另一方面，你可能会想要知道，这些信息如何为你个人提供服务？如何帮助你改善个人的生活？它对个人目标的实现是否有意义？它是否能够帮助解决任何问题？或改善沟通的效果？数据毕竟只是数据，只有使用者才能够决定如何解释和应用它。反思旨在帮助我们找到所读材料背后的意义，并将其置于一个更宏大的背景中去理解和应用。

背诵

到了这个阶段，你已经略读了全文，提出了一些问题，通读了所有的内容，并有了一定的熟悉程度，但需要使信息变得更具体。在此阶段，你需要将要点记录下来，或者用对话或抽认卡的形式背诵重要的内容，甚至还可以通过大声地自我问答进行背诵。你还可以用自己的话总结文章的要点，或画一张表格、图表或思维导图，呈现主要的观点和信息。在背诵阶段，我们不仅仅要做总结，而是要概括我们对思想背后的意义的真正理解，以及不同信息之间是如何相互联系的。

复习

作为整个学习过程的结束，复习的操作过程与预习阶段类似，问问自己做得怎么样？是否回答了提出的问题？或学到了什么新东西？对事情的理解程度如何？能够保留多少东西供未来使用，例如用于考试？是否仍存在需要进一步强化的地方？或是已经彻底掌握了以前不了解的材料？

简而言之，PQ4R学习法包含了预习、提问、阅读、反思、背诵和复习几个阶段。

或许你跟大多数人一样，在看到这个学习法时，只想到它可能要求庞大的工作量！但事实上，如果你能够严格按照这个流程操作，会发现事实恰恰相反：如果你能够专注地按照这个流程完成整个阅读和学习的过程，就可以在学习上花费更少的时间、收获更高的效率。因此，建议你将PQ4R学习法的各个流程牢记于心，并尽快养成习惯，以便顺畅地执行，最终实现更高效的学习。

在进入后面的阶段时，你可能已经形成了对信息的更深理解，但如果只是坐下来随意地阅读文本，没有计划、没有目标、不成体系，可能你无法真正掌握这些信息。当然，这个方法最适合那些令人感到不知所措的任务，或在一门新课程中不知道自己进展如何的情况，结合我们迄今为止在本书中探讨的许多其他学习方法，PQ4R学习法将成为彻底变革学习方式的方法，无论需要学习的内容多么复杂艰深。

第五章

让学习成为附属任务
会让你获得更多

学习是手段，而非目的

"当你全身心沉浸于做一件事，而忘了时间流逝时，你才能够学到更多东西。"阿尔伯特·爱因斯坦对他的儿子汉斯·爱因斯坦说。

爱因斯坦这句简单的话，蕴含了无穷的智慧，并与本章试图论述的主题直接相关。

这事实上是高效学习的一个最简单的前提，即如果你足够幸运，能够沉浸于一个目的或目标的实现，并且实现它的过程恰好要求你获得某种技能或知识，那么你甚至不会注意到，自己正在努力地学习和记忆相关的技能或知识。这种乐在其中的过程，让专业知识的学习和掌握成为了第二天性，而且让人将注意力完全放在了追求和实现首要目标上。

沉浸于目标的实现

在我的学习生涯中，曾设定过一个特别有激励性的目标，就是跟西班牙语课上的一个女孩杰西卡聊天。她经常会向我求教，因为她在课堂上的注意力或许不如我那么集中，于是我发誓要学好西班牙语，这样她就会继续在遇到问题时，第一时间找我帮忙。

为了吸引她的注意力，我疯狂地学习西班牙语，甚至专门去研究晦涩难懂的参考资料和词汇,只为让她感到惊艳。当时的我并不知道,学习已经被我放在了附属的地位,追求我个人的目标——吸引她的注意力——已经成为了我最重要的优先事项。我学会的每一个西班牙语单词或词组,都成了我实现目标的工具。

学习和掌握西班牙语,成为了追逐与她说话这个首要目标的附带好处,但这或许恰好就是最简单的学习方式。

下面这个例子,来自我哥哥的个人经历。在他还是个青少年的时候,互联网刚刚开始流行。当然,伴随互联网而来的是各种各样的聊天室、留言板,以及与其他人进行远距离沟通的各种各样的新方式。互联网为许多人打开了一个全新的世界。我还记得当时他坐在电脑前,努力学习打字的样子。

有一天,他下载了一个聊天程序,当时我并不知道是什么,它就是在线即时通信工具——当时几乎所有年轻人都在使用的的软件AIM。短短一两个星期过后,我再次从他的电脑前走过时,发现他已经可以运指如飞,把键盘敲得噼里啪啦响。自从下载AIM后,他的打字速度,在那短短一两周内可能快了好几倍。他对线上聊天的痴迷,转化为学习打字的动力。

但对他来说,学习打字不过是一个次要目标,他最主要的目标,是更快地与朋友们在网上聊天!他需要加快打字的速度,这样他就可以在适当的时候,成为那个开玩笑的人,而不是那个被取笑的人。当然,如果他选择参加打字培训班,那么他的准确性和所谓的打字技术可能也会得到提升,但却缺少了主动性,仅仅是因为使用了AIM,就让他自发地成为了一个速度快到令人难以置信的超级打字员。

下面这个案例将再次证明，将学习作为次要目标能够让我们在不知不觉中掌握新的知识和技能。

这个故事来自我的大学同学。在大学时期，除了他，他们宿舍的人都会弹吉他。那些室友都是在他们十几岁的时候就学会了弹吉他，并且把吉他带到了大学里，给女生们弹奏各种各样的小夜曲。偶尔，大家会拿着吉他到一个房间里，临时凑成一个乐队，演奏那些经典的摇滚歌曲。

我这位朋友，作为唯一一个不会弹吉他的人，感觉被冷落了。他后来问自己的室友，可否在他们不用的时候，借用他们的吉他来学习。室友们很乐意借给他，于是他就开始自学弹吉他，练习室友们经常弹奏的歌曲。当然，这并不是说他感到被群体遗弃，或是急于融入某个小团体，他只是把音乐看作是一种有趣的集体活动，并且希望能够参与其中。

后来，当所有人再一次聚集到一起演奏音乐时，他也能够加入进来。当室友们弹奏他们很熟悉的各种曲目时，他可以临时开启学习，先安静地做一个伴奏，直到他变得更自信、更有把握之后，再更大声地弹奏吉他。他与室友们的关系，因为弹吉他而变得更深厚，而他也学会了更好地弹奏更多、更复杂的曲目，甚至独奏。

他的成功，是又一个有力的佐证，说明了为什么我们应该尽可能地让学习成为次要的目标。不妨想想《功夫小子》(*The Karate Kid*)里的丹尼尔，他被逼去打扫卫生和画画，但最后却发现他实际上是在学习空手道的基本规则。

找到适当的动机

只要存在适当的动机,那么学习和掌握知识就不是一个痛苦的过程,而是一个通向最终目标、获得最终满足感的阶梯。更重要的是,在设定了一个更远大的目标之后,学习者要能够专注于确保某些事情发挥作用。或许不需要太过关注具体的细节,最终依然能够取得异曲同工的效果。

在这里,你可以选择立即开始刻意地练习和孜孜不倦的学习,但仅仅是拥有正确的动机,就能够让你最终具备想要的能力,甚至让你脱颖而出。当你在追逐更伟大的目标时,相较于为学习而学习或被迫学习,这种自然而然的学习过程就显得没有那么痛苦。在这里,我们将再次看到深度学习和肤浅的死记硬背之间的区别。

假设你拿起这本书的目标是改善自己的学习方式,不管你选择什么主题,这本书都能够帮助你学习和掌握新的技能。也许这听起来有点儿自相矛盾,为了真正充分地实现改善学习这一目标,我们几乎需要间接地追求它,以另一个完全不同的目标为目标。在追求这个不同的目标的过程中,技能和专业知识的掌握,以及深度学习的实现,都可以作为附属产品出现。如果你选择反其道而行之,将肤浅的表层学习作为目标,并希望赢得爱因斯坦所说的那种深刻理解和激情,那么可能只会难上加难。在明白了这个道理之后,我们可以做些什么?

将学习动力作为最重要的目标,实际上可以成为高效学习的最有效工具。我们必须透过具体细节看到其背后的深层次原因,了解这些行动能够带来什么样的回报和好处。从本质上讲,我们所学习的,或想要改善的一切，都是通往特定总体目标或项目的工具，为此我们必须首先设定一个目标，而不仅仅是学习一个方法。

经常提醒自己追求某个具体目标背后的深层次原因，并提醒自己，它具备那些影响人生的终极价值，将使你能够超越眼前急功近利的追求。当然，你可能想要通过下一次的护士资格考试，或获得一个奖项，但实现这个目标对你而言有什么更深远的意义？难道你一开始走上这条道路的初衷，不是因为你发自内心地喜欢帮助他人，或希望自己能够有所作为吗？

当然，并不是每一次的努力都必须要深远而有意义才能确保你获得所需的支持，不管你设定的目标是伟大或渺小，它都能够让你积极地参与到学习的过程中，让你"设身处地、发自内心"地开展学习，而不是仅仅通过一套事先设计好的练习，迫使自己完成学习的任务。

如果你现在还没有一个目标怎么办？那就制订一个。制订一个能使你获得某些技能成为必要，但并非主要重点的目标。例如，你想要学好地理知识，不妨从棋盘游戏开始，棋盘游戏要求玩家具备相关的地理知识。如果你想要学好滑雪，可以开始参加小型的地方性比赛，这些比赛将迫使你提升自己的滑雪技术。如果你想要在打字方面做得更好，不妨去玩一些需要快速而准确打字的游戏。如果你想要更快地学好一门语言，不妨看看那些需要更大词汇量才能够理解的电视节目。

让学习成为旅程的过程，而不是终点。

自律的"10分钟规则"

在这里,我们需要注意的是,总是依赖动机或灵感驱动学习,并不明智。尽管我们设定的远大目标能够帮助我们指引努力的方向,并激励我们前行,但另外一个不可否认的事实是,我们也需要一些自律能力,才能够确保朝着目标坚定地进发。拥有灵感、激情和能量固然是好的,但所有这些因素发挥作用的前提,是我们保持一个积极的学习心态,虽然这也并不总是可以实现的。

这个思路,还要求我们抱持一种心态,确保我们拥有促进学习和保持专注的先决条件。我们必须要感到备受启发、充满动力,或处于正确的精神状态。但我们都知道,一直保持这种状态是比较困难的,幸运的是,在确定了广泛的总体目标之后,我们有很多方法来弥补日常的短暂性动力不足。

解决的方案,被我称为"10分钟规则"。这个方法能够在两个方面发挥作用:

首先,如果你不想去做一件事,先做10分钟,然后再停下来。通常,在开始之后,我们很少会在10分钟后就停下来,因为我们已经获得了足够的驱动力,克服了让我们疲于去做某事的惰性。

其次,不管何时,当你想要停止一项学习任务,或结束当天的工作时,不妨再做10分钟。在这种情况下,我们很少会在10分钟之后继续工作,但给自己设定了这样一个非常具体的结束时间,会促使我们想要在有限的时间内完成尽可能多的任务,这将使你的工作效率得到进一步的提升。你的工作驱动力或许已经不足,但这种自律性将促使你坚持下去。

本章提供的另一个重要教训是，切实地"实施"、"使用"和"应用"才是学习过程中最重要的部分。回忆一下学习的金字塔效应，我们会发现，最被动的学习方法，获得的知识保留率是最低的，但当我们主动地应用所学的知识时，我们就处于学习金字塔的参与性和主动性的层级。这必然要求我们付出更多的努力，因此大多数人都更喜欢沿着最省事的路径学习，付出的最少，因此收获的也最少。

切实的实践和动手实操，让我们可以找到模式，并建立起单纯的观察和研究永远无法揭示的深层次联系。人才领域研究者和科学家丹·科伊尔（Dan Coyle）建议，在学习或掌握一项新技能时，2/3规则是最有效的规则，即我们应该将1/3的时间用于阅读和研究，然后将剩下2/3的时间用于应用和实践。

我们当然可以通过观看和阅读教程学会与弹吉他相关的知识，但没有积极的动手练习，我们不可能在第一次拿起吉他时就能够像吉他大师吉米·亨德里克斯（Jimi Hendrix）那样进行精湛地演奏。如果你完全是一个新手，就需要从研究理论开始，先把基本的规则和界限搞清楚，再花时间埋头练习，这样才能够最终弹出优美的乐曲。

如果没有实际经验的支持，来自研究的知识本身是没用的，只有当知识理论与实践结合时，我们才能从中获得直觉和判断力，这才是学习的终极目标。

理解式学习法

我们不是为了学习而学习，而是追求一个更宏大的目标，追求更深层次的理解，从中顺便实现了学习这一目标。朝着这个方向努力，我们或许有朝一日能够达成一种令人羡慕的心理状态，在这种状态下，提升技能和获得知识几乎是自动发生的，甚至在我们没有意识到的情况下就已经完成了。相较于强迫自己去完成一个毫无兴趣的学习过程，这样的方法更有趣，也更有效。

回想爱因斯坦在本章开篇说的那句话，我们知道他是一位伟大的物理学家和思想家，是一个跳出了自身从事的科学学科的知识局限的人，他的思想和贡献将整个世界带入了一个全新理解的时代。

现在，你还认为爱因斯坦会突然在某天坐下来，决定加速学习，以便能够更好地记忆、更快地阅读或磨炼学习技巧吗？你认为他的目标是成为全世界最聪明、知识最渊博的人吗？当然不是，他的动机和目标要比这个更深远、更有意义。他想要获得真正的理解，他受到了科学的启发，想要学习更多的东西，想要看到整个宇宙，想要能够解释宇宙的工作原理。在这个追逐目标的过程中，理论物理学成为了他进行探索的一个便捷工具！

同理，想要将自己的学习提高到一个新的水平，你需要获得能够驱动个人行为的、更深层次的理解，而不是仅仅专注于学习技巧本身。为此，最早由格兰特·维金斯（Grant Wiggins）和杰伊·麦克蒂格（Jay McTighe）提出的理解的六个侧面，应该取代学习，成为我们的主要目标。

解释

太阳为什么从东边升起？感染麻疹时身体里发生了什么？第二次世界大战为什么会发生？当我们挖掘出将所有观察结果联系在一起的"大概念"时，就获得了一种解释。我们看到了背景，看到了更大网络中的联系，进而推动了学习的实现。我们能够看到一个人的心理与其家庭或文化背景的关系，或一种动物的行为与其所属的生态系统之间的关联。

这就是进行推理和联系的基础——我们利用数据，并以其为基础编织一个故事，一个能够解释和阐明所谈论内容的故事。于是，我们无需坐下来学习一些互不相关的枯燥事实，就能够将这些事实与更大、更有趣的整体关联起来，进而帮助我们理解现象背后的原因。

阐明

在观看第二次世界大战期间的艺术作品时，基于我们对该历史时期的了解，我们试图让这些图像变得有意义，试图看到这些符号背后作者想要表达的感觉和意图，并提供各种各样的解读。在阅读弗洛伊德的作品时，根据我们对他与他母亲的关系的了解，我们试图阐明他的理论和主张。或者，你可以根据一部小说，创作一首歌曲——这就是将想法从一种媒介翻译成另一种媒介的"阐明"过程。

应用

假设你正在学习令人痛苦的、枯燥的法律历史，或是一些特定的政治立法的细节信息，如果我们专注于这些法律的具体条款，那么学习的过程就会十分无趣。但有些人独辟蹊径，将学习的重点放在了这些技能或知识的实际应用上，从学习实际的案例中，获得对这些枯燥知识的学习。

我们学习农业知识，是为了产出更好的食物、养活整个国家的人口；我们学习写作，不是因为我们只关心语言本身的知识，而是因为我们想要成为更有效的沟通者，能够更清楚地表达我们的意图和信息（信息比表达的媒介更重要！）。学习的目标，变成了其应用和功能，而不是知识本身。

洞察

历史和人类学的知识可能非常枯燥，但想象一下，比如说，石器时代的人眼中的世界，应该是怎么样的？或想象一下，这个世界上存在一群与自己的生存方式完全不同的人，又会怎么样？所有这些，使学习成为了一个充满乐趣的探索过程。那么，从一个"不同的"角度来看，你的论点是什么样子？你的论点，在那些站在你的对立面的人看来，又是怎样的？

当我们学会形成不同的观点时，就能够拓宽自己的视野，并形成批判性思维。我们将更清楚地看到自己的假设和偏见，并利用掌握的知识，完成一件神奇的事情：进入他人的内心世界。

神入

与神入相关的一个层面是移情，或理解他人感受的能力，而不仅仅是智力层面的理解。想想珍·古德（Jane Goodall：国际知名动物行为学家、环保主义社会活动家），以及她在理解动物行为方面，取得的所有令人惊叹的成就，这是因为她在工作和与动物相处的时候，怀抱温和和富有同情的好奇心。她对动物的理解，是以神入为动力和基础的。

在过去，我们往往低估了神入对学习和理解的启发作用。毕竟，我们过去只将神入运用在与人类同胞打交道的情境下。我们不仅能够通过人文和艺术获得神入，还可以通过神入理解任何与我们不同的事物，无论是儿童、动物、历史人物，还是来自完全不同文化背景的人。

自知

最后，我们可能受到更好地了解自己这一愿望的驱动，去积极主动地学习。许多社会理论家、科学家和哲学家，都以个人的生活为出发点去开展研究，在他们着手了解自己内心的世界时，无意中发现了关于更大世界的理解。

有多少心理学家，因为想要了解自己的大脑、性格和创伤而颇有建树？一个历史学家，可能会因为一个历史事件对自己的曾祖父母产生了兴趣，而对其开展研究；一个科学家，可能会因为自己的孩子身患遗传病，而想要去揭开它背后的神秘面纱；一个律师，可能会因为自己想要了解曾经犯下的错误，而去深入研究与之相关的特定法律领域。

前文所述的理解的六个侧面，等级不分先后，没有哪一个比其他方面更重要。学习是为了解决如何做，而理解则解答了为什么的问题。那些不以理解为深层次目标的学习者，可能最终发现自己的学习流于表面，没有吸引力；而那些渴望了解更多的人，可能会发现自己正在以爱因斯坦推崇的方式，沉迷学习、不可自拔！

基于问题的学习法

《功夫小子》电影中，著名的宫城先生要求学生丹尼尔·桑进行苦力劳动的授课方式，是不是令你印象尤为深刻？然而，在磨炼心志的目标实现之后，事实证明丹尼尔·桑学会了空手道全部的基础技能。

通过解决一个问题，或实现一个目标开展的学习，学会和掌握新知识，新技能会是唯一的结果。

第五章　让学习成为附属任务会让你获得更多

从问题出发

基于问题的学习法（PBL），是指学习者从一个需要解决的问题出发，通过解决问题的过程，实现强制性学习。但你需要完成一个学习的目标时，与其将目标设定为学习X，不如设定为解决Y问题，并顺便在这个过程中达成学习X的目标。当然，这也变成了一个纯粹的学习重点转移过程。

通常情况下，我们会以一种线性的方式学习信息和技能。在学校里，教学通常也采取传统的方法：教师给学生分发材料，学生记住材料内容，然后教师向学生展示如何利用这些信息解决一个问题。有些学习者，甚至在自主学习时，也采用了相同的结构——因为他们不知道其他不同的学习方法。

基于问题的学习法（PBL），要求学习者明确对于问题，自己已经掌握了什么知识和信息，还欠缺什么知识和资源，以及从何处获得这些新信息，最终如何拼凑出一个解决问题的方案。这种学习方法，与大多数学校教育采用的线性教学法截然不同。以我个人在青少年时期惨遭滑铁卢的恋爱经历来说明这个问题。

我想给西班牙语课上的杰西卡留下深刻印象。这是一个非常和强大的动力。我欣喜于她向我的求助，但也害怕因我回答不了她的问题，使她转向求助于其他男生。

产生了这种担忧之后，我开始认真地学习和研究西班牙语，以确保她更有理由继续转身跟我探讨。这个经历证明，在具备适当动机的情况下，学习者的学习潜能是无限的，我的西班牙语学习进步迅速，很快变得非常流利，将班上其他学生远远甩在身后。更重要的是，为了给杰西卡留下一个好印象，我还会专门花时间去查询和学习一些艰涩难懂和复杂的词汇和短语，以备不时之需。

为了巩固学习的效果，我专门制作了一套厚厚的抽认卡。一开始，每张卡片背面只有一个单词，但到了学年结束时，每张卡片的背面都写上了三四个西语的句子。最后，我在西班牙语课上拿到了A+的好成绩，这是我整个高中生涯为数不多的优异成绩之一，但不幸的是，我跟杰西卡在情感方面没有任何进展。

这是一个典型的基于问题学习法（PBL）的案例，我想解决X（吸引杰西卡）的问题，但最终却在这个过程中学习和掌握了Y（西班牙语）。

当然，对于大多数学习者而言，仔细地思考需要花时间解决什么问题至关重要，因为只有问题设置得当，在解决问题的过程中学到的东西才有可能帮助完成学习者真正想要实现的目标。这个问题可以很简单，例如掌握一个新音阶的吉他弹奏技巧，或演奏一首包含该音阶的高深曲目。你将会意识到，专注于解决一个问题，比单纯地阅读教科书或听讲座更有帮助和教育意义。

在实践中学习

自约翰·杜威（John Dewey）在1916年出版其代表性著作《民主与教育：教育哲学导论》（*Democracy and Education: An Introduction to the Philosophy of Education*）以来，基于问题的学习法就以某种形

式出现了。杜威提出的理论即在实践中学习。

一直到了20世纪60年代，基于问题的学习法才开始进入其现代化的发展和运用阶段。医学院开始使用真实的病人案例和实例，培训未来的医生。医学生们不是死记硬背无穷无尽的事实和数据，而是亲身经历诊断的过程，并在这个过程中积累关于病症的信息和知识。这种方法，锻炼了一种不同于阅读和做笔记的记忆肌肉。

他们应该向病人提出什么问题？需要从病人那里获得什么信息？应该进行哪些测试？这些检查的结果意味着什么？这些检查的结果，如何决定治疗的方案？通过在基于问题的学习法过程中提出和回答所有前述问题，医学生最终能够学会治疗病人。

想象一下，一个医学生遭遇了下面的病例。一名66岁的男性患者来到诊室，表示自己最近呼吸急促。这个医学生下一步应该做什么？

除了这个病人的既往病史、家族病史和病情发展阶段，医学生可能还想要了解他的症状持续了多久，每天在什么时间会出现症状，什么活动会导致呼吸急促，以及是否有什么事情导致症状的严重或改善。然后，病人需要接受以这些问题为中心的检查：检查血压、听一听心脏和肺部、检查腿部是否有水肿，等等。接下来，这个医学生将确定，病人是否需要接受一些化验或X光检查。最后，根据所有这些检查的结果，医学生将给出一个治疗方案，但这仅仅是整个治疗过程的开始。

如果指导老师的目标是让医学生学习如何诊断和治疗可能的心脏问题，那么这个任务就已经完成了。借助将医学生的调查技能应用于真实世界的案例,这种学习过程对医学生来说更真实、更难忘也更有吸引力。当医学生的学习以问题为基础时,临床推断和解决的能力也能够大幅提升。他们的学习变得更深入,能够更好地整合不同的材料,并通过整合概念获得更好的整体理解。

基于问题的学习法,将迫使学习者以自主的方式提供解决方案和方法,学习者将以完全不同于传统学习方法的方式吸收一个概念或一组信息。他们必须提出能够求出X值的整个方程式,而不是简单地求解X。这涉及一种深刻的探索和分析,并获得比简单的记忆概念更深层次的理解。

基于问题的学习法,也能够实现更高水平的自我激励,因为学习者不再是为了学习而学习,而是有一个现实生活中的问题需要他们去解决,并需要一个影响现实生活的结果。

这种学习方法,要求学习者"生活在现实世界中",且通常不会被他人赋予案例情境,或分配到小组项目(至少不是小学层面的那种分组合作)中,以帮助他们实现学习的目标。无论他们知道与否,都可以将自己放在一个适当的位置上,通过将其引向特定的目标,提升最终的学习效果。

案例:膳食计划

例如,你想要解决的问题是:过晚和过度摄入晚餐的问题。你选择这项任务,是因为除了解决不必要的压力和焦虑问题,你还将学习如何成为一个好厨师。你想解决X(压力巨大的饮食问题),但在这个过程中也顺便学习Y（如何成为更好的厨师）。

那么，你将采取什么措施，让自己成为更熟练的厨师呢？一种方法是，实施一个膳食规划系统，让你能够尝试新的食谱和技术。首先，你需要确定已知问题是你的家人需要吃饭。那么从食谱入手会是一个好办法，开始可以尝试简单的食谱，随着自己变得更熟练之后，可以尝试更复杂的食谱。你还需要采购这些食谱需要的原材料，制订一个进餐时间表以及一个如何解决更高级厨艺的策略。

除此之外，你还需要知道什么？你需要可以参照的菜谱和配料表；你需要某种有组织的计划，明确规定你应该何时提供每天的晚餐，它可以是纸质日历，也可以是手机上的电子记事本；你可能还需要确定自己想要发展和培养哪一方面的厨艺。以及，你将从哪里获得新信息，帮助解决这些问题。

通过制定一个提升烹饪技能的战略计划，你在无形之中就使用基于问题的学习法解决了三餐不定的混乱问题！你确定了自己已知的东西（关于想要学习什么烹饪技能的想法、饮食的想法、食谱、原料采购清单等），也明确了自己需要去学习和了解的东西（厨艺、具体的菜谱、配料表、膳食日历等），以及找到这些东西的渠道（家人、朋友、各种应用程序、烹饪书籍、互联网、电脑等）。

这样一来，你不仅为家庭未来的一日三餐制订了一个计划，还设计了一个自我提升的策略，可以日复一日、月复一月地使用，同时学习了新的烹饪技术，提升了自己的厨艺。通过制订一个膳食计划的策略，你同时节约了时间和金钱，并看到一日三餐的安排不再混乱不堪，且家人对饮食的满意程度日益提升，堪称一举多得。

基于问题的学习法提供了一个有用的框架，以一种深思熟虑的、有组织的方式，帮助我们处理问题、挑战或困境，推动我们学习新技能或新信息。我们可以将基于问题的学习法视为一系列的操作步骤，正如上面的膳食计划案例所展示的那样。

1. 确定问题。
2. 确定已知的信息和内容。
3. 列出所有可能的解决方案，并选择成功率最高的方案。
4. 将操作步骤拆解为具体的行动（最好以时间表形式呈现）。
5. 确定自己仍需要知道什么以及将如何获得这些信息。

基于问题的学习法具备一些明显的优势，例如不仅能够使我们更好地保留学到的知识，而且与那些相对不够专注的学习方法相比，它能够让我们形成对问题和解决方案的更深刻理解。虽然看起来基于问题的学习法包含了太多步骤，有可能花费太多时间，但一般来说，从长远看来它往往能够帮助节省更多时间，因为我们不再需要随机地尝试一个又一个不周全的解决方案。因此，规划和制订一个可以长期持续的系统性计划，最终能够节省时间，进而节省金钱！这就是直面一个问题的好处——你获得真正重要的东西！

基于问题的学习法可以应用于现实生活中的大多数方面，虽然我们不得不创造性地围绕自己想要学习的东西，设计一个问题或直接的目标，但这同时也是一种能够确保取得飞速进步的学习技巧。

第五章 让学习成为附属任务会让你获得更多

游戏式学习法

另一种使学习具有激励性且与学习者个人相关的方法，是将其游戏化。游戏化是指将使人们对游戏上瘾的原则，应用到非游戏的环境中。

例如，在办公室环境中的游戏化，可以是允许员工工作到一定时间或完成一定数量的任务时，"提升"等级。这将在两方面激励员工：任意的提升等级，或达到实际的工作节点。

通常情况下，人们很难纯粹出于责任或义务而变得有动力，这就是游戏化发挥作用之处——如果它能够让人们专注于等级的提升，就能够激励他们主动达成工作的里程碑要求，这将作为等级提升的副产品出现。例如，假设员工每完成一笔销售，就能够获得一定的积分，在积累了足够的积分之后，销售的头衔就会从销售三文鱼提升到销售金枪鱼，然后顺着食物链继续提升，变成销售鲨鱼，销售鲸鱼，最后成为销售渔夫。游戏化背后的与原理，是让人们专注于这些级别的提升，并在这个过程中让他们自发地关注自己的销售数字。

此外，你可能还会经常看到积分、荣誉勋章、忠诚度计划，以及为升职的人提供奖品等游戏化操作。这其实与积分或徽章关系不大——真正的目的是激励人们去完成那些能够让他们获得积分或徽章的基本行动。游戏化的本质，就是使用一些外部的标记，来体现和表彰个人的进步，这本身就令人上瘾。沿着设定的路径前进并逐渐提高的感觉，可以很好地激励人们，并使人们不断挑战自己。

游戏化为学习创造了极其肥沃的土壤，使人们忘记了自己正在努力完成不愉快的工作；相反，他们的注意力将会被吸引到如何获得积分和总体的成就上。

我们可以在学习的过程中创造出这样一个效果，让自己享受学习给予的奖励，而不是对学习过程感到厌烦或感到倦怠。

举一个简单的例子，这个例子里的游戏化产生了数百万美元的收入，它就是麦当劳的大富翁游戏。这个游戏就是游戏化策略在非游戏环境中的一个典型运用。顾客每次在麦当劳购买食物时，都会收到一张贴纸。这些贴纸可以通过两种方式使用：首先，它们可以用来完成一个大富翁的棋盘，棋盘越完整，就越有机会赢得奖品；其次，某些贴纸本身就能够获得奖励和礼物，例如免费的汉堡和饮料等。

很多人对完成大富翁棋盘的拼贴，或获得免费奖品本身，产生了一种痴迷，所有这些都可以通过在麦当劳花更多钱实现。麦当劳想要的结果，显然是增加营业收入，而通过让顾客痴迷于大富翁游戏，它们分散了顾客的注意力，使顾客在麦当劳花了比以往更多的钱。麦当劳的顾客们，可以看到并品尝他们在大富翁游戏中的进步——从视觉上，看到他们的大富翁棋盘有多完整；从味觉上，他们会相对频繁地获得免费的食物。

免费食物是一个可以吸引顾客每天回购的短期和直接的奖励，而完成大富翁棋盘则是一个长期的奖励，使顾客每年都会回来——它为整个冒险提供了一个长远的目标。拥有这两种奖励至关重要，因为它们共同解决了短期无聊和长期缺乏积极性的问题。

由于采用了游戏化策略，麦当劳的顾客们忽略了这样一个事实，即他们在麦当劳花了很多钱，却没有获得任何实际的回报——所有这些回报都已经在游戏上兑现了。2010年，麦当劳仅仅通过使用这种策略，就使其在美国本土的销售额增加5.6%。狂欢节上也提供了类似有利可图的游戏，人们需要支付一笔钱，来扔豆袋或推倒金字塔形的罐子，以获得价值不到一美元的奖品。事实上，人们热衷于参与这种游戏，与奖品的价值无关，而是与完成推倒金字塔的目标有关。

将游戏化策略运用到学习领域，学习就不再是令人痛苦的，而是关乎游戏的进展和个人的进步，其他的一切都变得次要。尽管不再是主要的关注点，但仍然会占据我们相当大的精力。晋升到更高级别的满足感，是一种巨大的心理奖励。我们期待获得这种奖励，当我们感受到进步的喜悦和甜蜜，我们会立刻更努力地学习，以再次提升等级，获得更多的满足感，这个过程本身就令人欲罢不能。

CrossFit的很多连锁健身房，都会使用一款叫作SugarWOD的移动程序，记录用户每次锻炼的统计数据和表现水平。仅仅是在锻炼结束后输入这些信息的行为，就能够起到激励作用。此外，它还是一个社交平台，允许用户查看和反馈朋友的锻炼情况，甚至还提供了标准化的表现水平，使用户可以将自己的锻炼成绩与其他人进行比较，看看自己的排名如何。最后，跟踪积极变化的锻炼成果，能够给运动者带来令人难以置信的欣慰和激励。此外，在健身环境中，社会压力也是一种驱动积极行动的因素。

当然，有时候游戏化并不是很合适——即使最有热情和竞争力的人，也会很快对积分、徽章和等级等设计感到厌烦，尤其是在他们发现这些东西与实际情况无关的时候。游戏化是一个伟大的激励方式，可以鼓励我们去享受通常感到痛苦的事情，但它永远无法取代我们对于一个真正有价值的目标的需求。但反过来说，如果你能够将一个有价值的目标与偶尔的游戏化结合起来，那么你将获得1+1大于2的效果。

在一个理想的世界里，学习本身就是激励所有人的最佳奖励。丰富和了解世界的方式，难道不是一种美妙的享受吗？人类历史上有那么多的书，即使我们穷尽所有的时间去阅读，也无法消耗其亿万分之一。

当你不再权衡学习行为的得失时，才能获得最后的学习成果。

CHAPTER 6
第六章

学习中一定要避开的常见误区

学习是一个流动的过程，将我们过去不知道或模糊的概念以某种方式纳入我们的理解，并根据需要，将其应用到现实生活中。尽管存在各种各样的学习技巧，但并没有一个所谓统一的学习规则。

因此，在尝试学习的过程中，我们可能会遭遇一些陷阱，或出现低效率的问题。但通过一些有规律的学习方法和有效的学习组织形式，就可避免陷阱或减少可能遇到的问题。在本章中，我们将研究一些常见的学习误区，以及相应的纠正方法。简单地说，大多数学习者在尝试学习的过程中，都在犯一些普遍存在的错误，甚至是无意识地犯错误。在学习本书前面章节论述的学习技巧中，你可能已经意识到了一些错误，但这仅仅是一个开始。

无意识的投机取巧的阅读

我们如何才能够吸收所需的信息，并实现真正有效的阅读，更高效地积累知识？

切入点：阅读的四个层次。这个概念是由哲学家莫蒂默·阿德勒（Mortimer Adler）提出。阿德勒解释说，阅读不是一种单一的、永恒不变的行为。他将阅读划分为四个不同的层次，每个层次在阅读目的、投入程度和耗费时间上都有所不同。此外，不同的阅读层次，适用于不同类型的阅读——有些书籍可以适用所有层次，但有些书籍只支持一个层次。尤其是在级别较高的两个层次中，忠实地遵循这些阅读层次的规律，将极大地促进学习者对特定主题专业知识的了解和掌握。这四个层次分别是：

◎ 基础阅读
◎ 检视阅读
◎ 分析阅读
◎ 主题阅读

基础阅读

事实上，我们已经超越了基础阅读的阶段，因为这个阶段是学习阅读的阶段。它通常是指小学阶段学习的阅读，例如，需要学习字母、单词如何发音，以及单词的含义等等。例如，基础阅读要求学习者能够理解"猫在床上"这个表述，指的是床上有一只猫，而不是沙发上有一条狗。

当然，基础阅读阶段也适用于正在学习一门新语言的成年人，他必须接受基础的培训，以理解新的字母、词汇和发音。同样，它也适用于第一次阅读技术类教材的学生，因为他必须学习新的句法或特定的专业术语。每次接触一种新的语言、方言或词汇，都是在进行基础阅读。

检视阅读

阅读的下一个层次，要求阅读者理解某本书的本质，但不是消化全部的内容，这也被称为系统化略读。有时候，狂热的阅读者会鄙视这个阅读层级，但在学习专业知识方面，这是一个非常有价值的阅读方式。

检视阅读事实上包含了两个更小的阶段：

◎ 系统性略读：随意阅读一本书的正文之外的某些内容，如略读目录页和索引，或阅读序言或封底的简介。如果要检视阅读一本电子书，可能意味着阅读这本书的线上描述和客户评论。系统性的略读能够提供足够的信息，让你知道这本书关于什么，以及如何将其分类，例如"这是一本关于二战的小说"或"这是一本关于如何烹饪法国菜的书"，仅此而已。

◎ 粗略的阅读：这个阶段实际上要求读者阅读书的正文，但以一种非常随机和粗略的方式进行。读者可以从头开始读，但不去深入探索和理解，不需要在空白处做笔记，不需要查找不熟悉的短语或概念的含义——如果出现某段无法理解的内容，可以直接跳过读下一段。在粗略阅读过程中，读者可以感受到这本书的语气、节奏和整体的内容，而不是仔细地理解和钻研每一个要素或细节信息。

检视阅读更像是一个侦查或调查的过程。读者只需要对一本书的内容或阅读体验形成一个粗略的感觉即可。读者可能会在书中找到几个非常宽泛的、一般性的概念，但不会花时间深入研究。读者只需要找出可能会遇到的问题，然后再决定是否有足够的兴趣继续深入了解。

假设你正在看一本关于古典音乐的书，在系统性略读时，你会看到这本书的标题和副标题，读它的封底，上面说"这本书是对古典作曲家，深入而严谨的研究"。你可能还会阅读目录，发现其中几个章节的标题是《瓦格纳的拖沓》《莫扎特的猫咪模仿》和《贝多芬对老鼠的爱》等，从这几个标题你可以推断，这不是一本严肃的学术著作，也不太可能增加你个人对古典音乐的专业知识，但它可能会很有趣。

为什么一个初出茅庐的阅读者，需要经历系统性略读的阶段，而不是直接跳到下一个层级？尽管系统性略读不是深入的研究，但依然提供了许多答案，你可以感受到作者的风格：是严肃的、滑稽的，还是讽刺的？它是基于现实生活的，还是完全虚构的？它是否大量使用了统计数据？它是否大量引用了外部资料？它是否包含了图片？

回答这些问题将帮助读者形成对书籍的初步认识，确定书籍的内容框架和阅读的预期，并使下一层级的阅读变得更有成效——如果你决定继续往下读。

分析阅读

阅读的第三层级，要求彻底读懂一本书——要求对材料充分消化,并与之互动。分析阅读的要求很简单:如果时间不是问题,你将如何彻底地阅读这本书?

分析阅读还可以是将书从作者手中拿过来,彻底变成自己的东西。读者不仅仅要阅读文本,还需要强调或划出关键信息点,给出评论或提出问题。在某种程度上,读者可以利用书籍空白处与作者进行对话。

分析阅读的目标是充分理解材料,以便可以不费吹灰之力地向他人解释和转述。完成分析阅读之后,读者应该能够非常简洁地描述书籍的主题,按照顺序列出各部分的内容,以体现它们之间的联系,能够理解并详述作者关注的问题,以及它们试图解决的问题。

假设你正在阅读霍金的《时间简史》,在第一部分就需要突出显示一些物理学领域的关键短语,如大爆炸理论、黑洞和时间旅行等。你可能需要在哥白尼和伽利略的名字上打星号,并备注要更充分地研究这两个人的信息。你可能质疑霍金对宇宙膨胀的解释,并在空白处写下自己的注释。

分析阅读是一项艰苦的工作,在这个阶段,获得新理解的快感成为了最深刻和最有价值的回报。这种与阅读的互动,使学习变得主动——而不仅仅是被动地接受他人告知的信息,更像是自己主动提取信息。在进行主动性学习的时候,读者会投入更多的心智,这意味着读者更有可能记住所读的信息,使其成为一条更容易获得专业知识的路径。

主题阅读

在阅读的最后一个层次,读者要处理涉及同一个主题的多本书或材料。人们通常将主题阅读描述为"比较/对比"阅读,但实际上它比这要深入得多(主题阅读又不能与类似的粗略阅读混为一谈,因为后者的阅读目标几乎截然相反)。

在主题阅读阶段,读者试图了解所研究主题的整个广度,而不仅仅是某一本特定书籍的主题。听起来是不是很熟悉?读者需要分析书中提出的观点、主题和论点之间的差异,并对它们进行比较。主题阅读将帮助读者识别和填补可能存在的知识空白,读者需要与多个伙伴,总结出最需要回答的紧迫问题,并安排问题的优先次序。在这个层级,读者需要确定书籍涉及的所有问题和主题的各个方面,并查询无法理解的短语和词汇。

主题阅读是一种相对重要的阅读活动,其重要性不亚于大学第一学期的基础课程。我们可以将其视为一种积极的阅读活动,因此人们很少会将主题阅读与小说这种可以轻松阅读的对象联系在一起。

主题阅读更像是悬疑电视节目或电影中的一个常见道具。在这些节目中,主人公需要试图解开错综复杂的人物关系及任务活动。在电影中的某个地方,警察们在警察局里展示了一块巨大的白板,上面有图画、便利贴和嫌疑人的照片,彼此之间用线条关联,体现出错综复杂的关系网。但不同信息的来源发现了新的信息,这些信息就会被添加到公告板上。这就是主题阅读的特点:它是一种寻找答案和增加专业知识的协同过程。当然,除了运用于查案的背景,我们还可以将主题阅读的技巧运用于更多合法的主题,例如奥卡姆剃刀、荒诞派戏剧或股票市场等。

阅读的这四个层次,作为循序渐进的阅读步骤,将一个主题变得浅显易懂、更有针对性且最终被读者熟悉地掌握。

在基础阅读阶段,读者要学会阅读,不管做什么事情,这都是我们必须掌握的技能。

在检视阅读阶段,读者会形成内容框架和结构的概述,并判断自己是否有兴趣继续阅读。如果读者决定继续阅读,这个阶段也将为其做好前期准备,使其了解到自己具备了哪些先决条件,以开展更深层次的阅读。

在分析阅读阶段,读者需要花费大量的心力,从尽可能多的观点中了解特定的主题。在这个阶段,读者将吸收书籍的知识,对其提出质疑,并产生对相关主题的进一步好奇心,驱使自己去进一步探索和学习。

经过主题阅读阶段,从某种意义上说,读者就"毕业"了,从对特定主题的单一或有限的理解和视角,转向对其所有元素的整体研究。这就是读者在各个方面突破个人专业知识水平的地方,也是常规的娱乐性阅读或休闲性阅读无法达成的效果。

陷入固定型思维模式中走不出来

在本书中,我们一直在暗示学习方面的理想视角和态度。我们追求目标实现的方法,如何看待失败,如何理解自己的技能和学习过程本身,所有这些东西,都将对我们的学习效果产生巨大影响。

斯坦福大学的卡罗尔·德韦克(Carol Dweck)博士,数十年来一直专注于学习态度领域的研究,德韦克博士确定,大多数人的思维模式可以分为两种:固定型和成长型。

拥有固定型思维模式的人认为,人的天赋和智力是天生注定的,一个人要么天赋异禀,要么平平无奇,要么生来聪明绝顶,要么智力平庸。无论后天做什么,都无法改变这些天生的事实,我们只能接受命运的馈赠。你可以想象这种思维模式对学习新事物的努力和态度的影响。如果不管我们怎么努力,都无法改变先天的差距和鸿沟,为什么还要努力呢?如果我们失败了,也可以耸耸肩说,没办法,这是天生注定的失败。

而拥有成长型思维模式的人则认为,一个人的天赋、智力和能力,可以随着人的成长而发展。通过努力、工作和奋斗,一个人可以变得有才华或聪明。在拥有成长型思维模式的人看来,失败并不是致命的,失败不过是学习曲线上的一个过程。如果我们付诸努力,我们就能够带来一些改变和提高。有了这种思维模式,努力工作是值得的、潜力无限的,因为人们相信,努力的确能够带来切实可见的成果。哪怕是当前未知的东西,也可以通过时间和努力掌握它。

德韦克发现,固定型思维模式的人倾向于只专注于成功概率高的任务,因为他们渴望让自己"看起来很聪明",因此不能接受失败的可能。他们选择远离任何需要努力的工作,他们逃避障碍、无视批评,并对他人的成功感到威胁。他们也倾向于拒绝尝试新事物或新实验，因为觉得其中蕴含的失败风险过高。这种思维模式包含了超高的自我和自尊，因为他们将成就与自我价值甚至与身份认同捆绑在一起。

德韦克认为，拥有成长型思维模式的人更加开放，更愿意接受挑战。他们相信，坚持不懈的努力一定可以改善学习的成果，他们愿意积极主动地克服障碍，接受他人的批评性反馈，并将他人的成功作为灵感的来源和学习的机会。最重要的是，失败和逆境对于那些拥有成长型思维模式的人产生的影响也不同，他们不认为挑战是令人尴尬的，也不认为这是应该不惜一切代价避免的事情。在他们看来，犯错并不是一场灾难，不过是有时候为了获得更好的结果而不得不付出的代价。

我们无法掌控生活中会发生什么事情，但应该如何解读和看待挑战、挫折和批判，则是个人的选择。我们可以秉持固定型思维模式，将它们视为洪水猛兽，并认为自己没有成功的天赋或能力；或者秉持成长型思维模式，将这些障碍视为强化自身、加强战略性努力和提升技能的机会。你或许已经能够猜到，哪一种思维模式更有利于加速学习和掌握任何新事物。所以，你认为哪种方式在学习过程中是错误的？

德韦克最具启示性的研究，还探索了这两种不同思维模式的形成过程。不出意料的是，它可能在我们生命的早期就已经形成了。

在一项影响深远的研究中，德韦克及其同事，为四岁的孩子提供了一个选择：他们可以重新完成一个简单的拼图，或者尝试一个全新的更难的拼图。

表现出固定型思维模式的孩子，选择了更安全的做法，他们选择了比较简单的拼图，因为已经做过一遍，他们可以再次肯定已经拥有的能力。而拥有成长型思维模式的孩子，则进行了更多的尝试。

这是因为固定型思维模式的孩子更喜欢能够确保获得成功的结果，因为这将使他们看起来很聪明。而成长型思维模式的孩子们则希望拓展自身的能力，对他们而言，成功的定义是变得更聪明。最终，成长型思维模式的孩子们做了他们想做的事情，他们不一定关心是否一定要成功，也不太担忧失败。

后来，德韦克做了一些更有趣的研究实验。她邀请成年人来到哥伦比亚大学的脑电波实验室，研究他们在回答问题和接受反馈时的大脑图像。

固定型思维模式的人，只对反映出他们当前能力的反馈感兴趣。他们对那些有可能帮助学习或提高成绩的信息充耳不闻。令人震惊的是，他们对自己做错的问题的正确答案丝毫不感兴趣——以为他们已经给自己的答案贴上了失败的标签，因此没有兴趣进一步利用这些错误获得进步。

具有成长型思维模式的人，非常关注那些能够帮助他们获得知识、发展技能的信息。对他们来说，答错题并不丢人，而对正确答案的解释，则被视为对他们自身发展的巨大帮助，因而备受欢迎。具有成长型思维模式的人，最看重的是学习的机会，而不是成功或失败的结局。不管好坏，需要强调的一点是，一个人童年时期表现出来的思维模式，如果不加以引导和转变，可能会伴随终生。

幸运的是，不管一个人的思维模式多么根深蒂固，都不是永久不可改变的，一个人的思维模式是可塑的、可引导的。思维模式的转变值得投入心思，因为它可以使两个拥有相同天赋、智慧和机会的人，走向截然不同的结局。

德韦克及其同事开发了一种思维模式转变的技术，称之为"成长型思维模式干预"。"干预"一词，可能会使其听起来像是侵入性很强的操作，但这个方法的美妙之处在于，它仅仅涉及非常微小的调整。例如，沟通中的微小变化——哪怕是最无害的评论——也能对一个人的思维模式产生长久的影响。

这个技巧的一个关键在于赞美的内容。赞扬一个人的努力过程（"我真的很欣赏你在这个问题上付出的努力"），而不是他们与生俱来的特质或天赋（"你真聪明"）是培养成长型思维模式的一个简单又有效的方法。

对一个人天赋的赞美，只会强化这样一种观念，即成功或失败取决于天生的、不可改变的、静止的和停滞的特征。但赞扬一个人努力的过程，则是为其努力和工作喝彩——赞美的是他/她为实现下一步的目标所采取的行动。这种赞美旨在强调这样一个观念：天赋没有那么重要，但努力决定一切！

相信你已经可以预测到，过程性赞美能够在课堂上发挥多么巨大的作用，例如"我知道那个化学实验存在几个问题，但你马上就解决了"或"我对你在这篇学期论文中进行的透彻分析印象深刻"，等等。但是，在家庭和工作场所的日常生活中，转换成这样的思维模式也同样容易并同样可以取得很好的效果，关键在于强调过程的价值；保持开放的沟通渠道和提供建设性的批评，并在计划未来项目的时候，将其建立在我们从过程中学到的东西上。

这是我们可以为他人做到的事情,也是我们个人在面对学习时评估个人的行动和行为所需要遵循的原则。

为自己设置固定的学习风格

在教育界,不同的学生拥有不同的学习风格,一直是一个备受关注和热议的主题,并且得到了大多数人的认可(更不用说那些销售教学指南的出版商了)。紧随而来的一个观点是,教师们应该调整教学的方法,以吸引更多学生的注意力,使学生们更倾向于某种特定的学习风格。根据不同学习风格而因材施教的理论认为,当材料以视觉形式呈现时,一部分学生能够学得更好;而其他的学生,可能更喜欢以口头、逻辑或其他方式呈现的内容。当然,支持这个理论的人,恰好也在销售迎合各种不同类型学生的教育产品,多么方便!

但是,是否存在支持因材施教学习方式的科学证据呢?换句话说,是不是一些人的大脑回路与众不同,所以信息没有以正确的风格呈现时,他们的大脑就无法识别这些信息?当然,存在不同学习风格,已经是一个众所周知的事实,且根据传闻,它们甚至具备逻辑层面的合理性。

◎ **视觉型(空间型):更喜欢通过图像、图片、颜色和地图来学习**

◎ **听觉型(听觉-音乐):倾向于通过听声音和音乐来学习**

◎ 言语型（语言层面）：倾向于使用词汇（无论是口头或书面）如书籍、讲座等渠道学习

◎ 肢体型（运动型）：更喜欢通过身体、手和触觉学习，通常喜欢运动和锻炼

◎ 逻辑型（数学型）：偏爱逻辑、推理和系统性信息，尤其喜欢在不相关的元素之间寻找模式和联系

◎ 社会型（人际关系）：喜欢在群体环境中学习，喜欢与他人进行公开的沟通和交流

因此，声称一些学生有意识地偏爱一些特定的学习方式，而不是其他学习方式，并不是夸张。就个人而言，我也有自己更喜欢的一些学习活动，而且倘若可以基于个人喜好选择学习的任务或素材，反而能够在享受的基础上取得预期的学习效果。此外，似乎存在一些生物学的证据支持了这一理论，因为不同的学习风格对应的每一类功能都涉及了不同的大脑结构：

◎ 视觉：位于大脑后部的枕叶管理视觉，此外枕叶和顶叶都管理空间方向

◎ 听觉：颞叶负责处理听觉内容，右颞叶对音乐的学习尤为重要

◎ 言语：这也是颞叶和额叶主管的领域，尤其是被称为布洛卡区和韦尼克区的两个专门区域

◎ 肢体：小脑和大脑运动皮层（位于额叶后面）负责管理人体的大部分运动活动

◎ 逻辑：顶叶，尤其是左边的顶叶，驱动人类的逻辑思维

◎ 社交：额叶和颞叶处理人类的大部分社会活动，大脑的边缘系统也影响着个体的社交或独处状态。边缘系统与情感、情绪和攻击性有很大关系

◎ 独处：额叶和顶叶以及边缘系统会在独处情况下变得十分活跃

但是，没有任何科学证据表明大脑是以这种分散的方式工作的。关于学习风格的误区或"神经神话"开始遭遇更多的批判，但仍然有人坚信这一理论。事实上，有很多证据表明，当你考虑到注意力和偏好时，所有的学习方式都同样有效。

布里斯托大学的研究员保罗·霍华德·琼斯（Paul Howard Jones）表示，订制学习方式和其他类似的神经神话是"由误解产生的误解，误读或错误地应用大脑研究科学领域确定的事实而导致的误解，以便为大脑研究在教育或其他背景下的运用提供理由"。

默认我们应该只坚守一种学习风格是十分危险的，这将导致我们主动限制自己的学习潜能，并错过其他可能有效的学习方法和媒介。这种排外的观点，往往会自我强化。当你只选择并坚守一种学习方法，拒绝了所有其他可行的方法时，会对自身造成极大的损害。尤其是在你有意识地回避某些有用的思维方式，或错误地认为不值得花时间和精力去开发新方法时，就会陷入故步自封的状态。

在日常生活中，我们如何处理这个问题？基于个人的天赋和喜好，我们必然更倾向于选择某些特定的学习方法，但这并不意味着其他方法就是无效的。最好的做法，是混合使用各种方法，尽可能地综合使用多种不同的学习风格。人类的大脑是一个非常灵活和适应性极

强的器官，能够在挑战、变化和多样性中茁壮成长，因此我们要给大脑提供发展的机会和空间。

得益于科学技术的进步与发展，我们在日常环境中的可用学习媒体的多样性，让我们能够比数年前更轻松地完成混合式学习。如果你想要更好地了解棒球，可以阅读大量书籍（视觉），听关于这项运动的有声读物甚至音乐作品（听觉），观看关于棒球的电影或肯·伯恩斯关于棒球的系列纪录片（视听），参考视频网站上合适的视频（视听），沉浸在现场比赛的体验中（视、听、体验），无论是作为一个观众，或是作为一个棒球手（运动）。

如果你只寻求通过一种学习风格学习，你的选择将十分有限，甚至可能是糟糕的选择，因为其他被无视的材料可能效果更好。此外，混合不同媒介的学习还有一个额外的好处，即让我们形成对需要学习的新事物的全面看法。还记得前文论述过的交错式学习法的价值吗？为什么使用尽可能多的感官对新材料进行编码如此重要？

在所有提供了充足的音频、视觉和文本内容的学习领域，混合式学习方法都能够取得很好的效果。坦白说，没有哪个学科不属于这个类别，无论是历史、数学、外语、音乐，甚至是木工或计算机技能等实用性极强的学科，都存在各种形式的媒体信息、有价值的信息，随机地将这些媒体信息纳入学习计划，必然能够取得更好的学习效果。不要觉得自己必须固守一种学习风格，不管它看起来多么令人信服，都只会限制我们的学习潜能。

思维方式对应的学习风格

如果所谓的学习风格划分没有得到真正的科学支持,我们是否有更好的选择?

安东尼·格里果尔克(Anthony Gregorc)认为的确有更好的选择,并在1977年提出了自己的模型,解释和描述了不同的学习风格。最后,他确定了两种有效的学习模式,并将其设计为一个连续的过程,创建了一个二维矩阵,将个人的学习偏好纳入其中,即形成所谓的"思维风格"。

想要了解自己处于矩阵中什么位置的人,需要先完成一个包含了40个问题的测试,测试结果将显示参与测试人员的思维风格。事实上,构成矩阵的两根轴线非常简单:

◎ 抽象VS具象(知觉质量)
◎ 顺序VS随机(排序能力)

具象型认知,意味着我们需要通过5种感官,在此时此刻,接受周围的现实世界。这种思维是直观的、实际的和直接的。而抽象型认知更多地与直觉相关,并超越了明显的、摆在眼前的事物。任何模型的制作、想象或"超越",都是抽象思维,而不是具体思维。这将在交流中得到更细微和微妙的体现。

拥有顺序的排序能力,意味着大脑能够以一种顺序或线性的方式组织数据,即一件事情接着一件事情。这种思维方式偏好按部就班的逻辑、狭窄的重点和从头到尾的全盘规划。然而，随机思维则偏向于有意义的大块信息，不强调特定的顺序。随机思维更强调自发性和冲动性，学习者可能会跳过一部分步骤，从后往前学习，然后再从前往后，或者在不同信息和步骤之间来回切换和跳跃，而不是按照既定的计划严格按顺序执行。

格里果尔克认为，每个人都处于这两种思维模式之间的某个位置，即使那些在两种思维风格之间实现了相对平衡的人，也会对某一种思维形式存在轻微的偏爱。如果一种思维形式处于X轴上，而另一种处于Y轴上，那么我们就可以在每个象限中创造4种不同的思维类型。

具象顺序型

这种认知类型倾向于关注此时此刻，强调学习是在一个有序的、循序渐进的过程中参与的。这种风格最适合实用性和强调动手的能力学科，并能够在信息详细、有序、混乱程度低的情况下，取得最佳的学习效果。在这种类型中，过多的抽象概念会令人觉得无用——相反的是，思维就是应用概念并使其成为现实。这种类型的学习者，能够从导师的指令中收获很大益处，因为他们更需要明确的指示和示范，因此它更类似于传统的学习方法。

有效因素：事实、秩序、逻辑、结构、可预测性；

无效因素：漫无边际的小组合作、不明确的指示、想象力的使用、试图回答"没有正确答案或错误答案"的问题。

具象随机型

这种风格同样偏爱在实际情境中运用感官学习,但包含更多的自发性和直觉。前一种类型更像是一个熟练的机械师或工程师,而这种类型更像一个艺术家。他们喜欢尝试和犯错,并会经常进行实验,只是为了观察可能会发生什么,而不是听从他人提供的结果。与具象顺序型相比,这个类型的学习者不怎么听从权威,而是更喜欢自己的调查结果和经验。

有效因素:风险、独立解决问题、竞争、自我指导;

无效因素:常规的例行公事、为了规则而制定规则、限制和约束、汇编报告、重复操作。

抽象顺序型

抽象顺序型学习者倾向于在头脑中,而不是现实世界的此时此刻学习,他们通过创造和解释语言或非语言的符号而茁壮成长,并喜欢以逻辑、线性的方式接触这些符号。他们是科学家的类型,擅长创造模型和理论,通过有序的、分析的方式,接触理论知识并实现学习。他们可能会尊重权威,但前提是他们认为权威真正具备专业的知识。

有效因素:独立工作、充满刺激和挑战的环境、使自己的分析被听到和被理解;

无效因素:无意义的重复、循规蹈矩、过于情绪化的方法、肤浅或无聊的状态。

抽象随机型

这个类型的学习者，同样偏爱内在的、直觉的和抽象的世界，但更喜欢以一种松散的、非正式的方式学习。学习没有固定的大纲、计划或方向，而是更加灵活和自发，然而这并不意味着杂乱无序。这个类型的学习者，能够逐渐综合出一个对他们而言有意义的整体——并倾向于通过一个较为便捷的线性路径实现这个秩序。与抽象顺序"科学家"类型不同，这种类型的学习者是更偏向于艺术和人文学科的理论家、哲学家、思想家和幻想家。

有效因素：和谐的群体、个性化的环境、更广泛的指导方针和充足的研究时间；

无效因素：竞争、专制、限制、判断、武力强迫和对细节的过度关注。

如前所述，所有这些类型，与其说是认知模式，不如说更像是思考的不同类型的划分（事实上，你可能注意到其中隐含了一些MBTI人格理论的元素）。因此，我们或许无需改变想要学习的信息的形式，以更好地吸纳自身的认知学习风格，但可以适当地调整学习的环境，以更好地适应个人的思维认知风格。

做笔记时偷工减料

各种各样的学习"误区"，可能让你对个人的学习风格和偏好产生错误的信念、不良的阅读习惯，以及破坏而不是鼓励成长型心态的培养，但的确存在一些更实际、更明显的错误，我们可能在学习过程中忽略了。

通常情况下，老师在授课时，会给学生分发讲义，其中包含关于该主题的一些预先写好的笔记。这些笔记，通常以PowerPoint演示文稿自动生成的文档形式呈现。老师分发讲义的本意，或许是给学生提供一个有用的、方便的帮助，但这实际上对学习十分不利。

只有当学习的过程是主动的，并且包含少部分自我驱动的探索时，真正的学习才会发生。当学生需要自己做笔记和组织信息的时候，才能够将知识综合起来，使之成为个人的东西，而不是通过阅读教师提供的讲义，消化和吸收他人的思维结构（通常效果很糟糕）。只有自己做笔记，才能够激活大脑积极参与学习的过程。

此外，教师提供的信息，以线性的方式呈现，但为了使其更有意义，学生或许需要走一条不太可预测的路径。通过依照理解写笔记——有点类似于信息检索训练——学生必须思考文本和课件中的观点是否有用，以及如何以连贯的方式解释这些观点。而积极地做实时笔记，这一简单的行为就可以帮助学生达成这个目标。

做笔记的四个阶段

一般来说，有效和优秀的笔记通常包含下面四个阶段：

◎ 记笔记

◎ 读笔记

◎ 分析笔记

◎ 反思笔记

我们中的大多数学习者会止步于第二阶段，有些人甚至连第二阶段都没有。我们可能会花一点时间，在课本上画重点，做出一些笔记，然后抛之脑后，直到考试来临才会再次翻开。但记笔记的后三个步骤才是真正发挥奇效的地方，因为这些步骤能够将简单的信息保留变成更深层次的东西。在这三个步骤中，学习者才真正积极地参与了学习和分析的过程，组织自己的思想，分析其中的联系，并反思所有这些信息如何与整体融合……也就是，你正在积极地学习。

康奈尔笔记法，实际上包含了前述优秀笔记的4个阶段中的大部分内容，以下是康奈尔笔记法的工作原理：

在手写笔记本上（手写是关键），将其从中间分成左右两列，在右栏标上"笔记"，在左栏标上"提示"。在页面底部预留一点空白，并将其标注为"摘要"。按照这个模式，准备数页笔记，如有时间，可以按照这个方法准备一个笔记本。

现在，笔记页面上已经划分为三个区域，但目前仅在"笔记"区域进行操作。在这个区域，我们尽可能简明扼要地记录较大的概念和支撑性细节，写下自己认为重要的所有信息，以便对所学内容进行全面的评估。确保在各点之间预留一点空白，方便以后填写更多的细节和说明。我们可以在这个区域绘制图表，在适当的地方罗列清单，并尽可能地捕捉全部的重要内容。在一开始做笔记时，不需要考虑笔记的条理性或强调突出的问题，你只需要将自己听到或读到的东西写下来，并尽可能完整地描述出来。

完成笔记记录任务之后，可以转到左栏的"提示"部分。在这里，我们需要对"笔记"部分关于每个章节或概念的信息进行过滤和分析，并将重要的内容写在"提示"部分。笔记区域的内容可能相对杂乱无章，但提示一栏的信息则应该是对当前主题的相对有条理的描述——从本质上来说，两栏包含的信息应该相同，但在提示区域写下的主要支撑性事实和重要数据，必须以更有条理和逻辑的形式呈现。此外，在提示栏撰写，意味着你需要立即翻阅笔记，综合所有内容，提炼出哪些信息是重要的，哪些是不重要的。

最后，在完成了笔记部分和提示部分的内容后，可以移到页面底部的摘要区域，在这里，要尝试将刚刚记下的所有内容总结成几个最高层次的观点和陈述，只保留重要的佐证事实或规则之外的例外情况。摘要部分的撰写原则是，用尽可能少的篇幅将内容要点讲清楚，因为当你再度回顾笔记时，希望能够通过阅读摘要部分，迅速地理解和掌握信息，而不是重新解构或分析，进而浏览笔记和提示部分的内容，继续往下阅读。

康奈尔笔记法与记笔记的四个阶段有相似之处，但二者都帮助我们创建了自己专属的学习指南。更好的是，我们还在同一页笔记上记录了创建笔记的整个过程，从最原始的笔记，到综合信息，再到总结。拥有这样一份由浅入深的信息记录，我们在复习时就可以按需索取，参考任何想要参考的信息，深入分析任何需要深入研究的内容。最重要的是，我们在这个过程中，创造了一些对自己具备意义的东西，因为我们通过了一种赋予其意义的方式，对其进行表述，形成了个人的理解，并以笔记的形式记录下来。我们正在使用这些信息符号服务于个人的需求,而不是反之,因此最终形成的笔记将使我们真正有机会提升学习的能力,而不仅仅是浪费纸墨。

不可逐字逐句抄写笔记

总的来说,做笔记并不是一种懒惰、被动的活动,真正有效地记笔记存在着秘诀。许多人似乎错误地认为,将笔记写在纸上就大功告成了,他们几乎下意识地认为自己不再需要仔细地思考笔记,没有比这更离谱的错误了。

好的笔记,应该成为我们可以参考的东西,帮助我们形成即时的理解,提供参考的信息,而不是从头到尾再破译信息的原本。如果我们必须先尝试理解他人的笔记,他人的解构和组织,这样的学习是行不通的;如果我们从未受到笔记的启发,或未与所做的笔记保持对话,那么也同样行不通。

彼得·布朗将记笔记的要点凝练为:如果一个人没有在学习过程中付出过努力,那么学习的效果绝不可能持久。这到底是什么意思呢?

布朗引用了一项研究,在这项研究中,学生可以逐字逐句地抄写其他人关于一些材料的笔记,但被要求必须使用自己的语言,表述其他材料。这些学生在随后接受相关测试时,在回忆自己转述的材料方面表现得更好。

为学生或教师提供已有的笔记,当然是一种很便捷的做法,但这种做法因为本身不要求学生付出或参与,也将成为有效学习的障碍。

事实上，学生积极参与和努力的程度越低，学习效果就越差。他们几乎记不住任何没有亲自组织或分析过的材料，而且即便记住，也会很快遗忘。

因此，按照康奈尔笔记法的建议，提前准备好笔记本，将它带到课堂上，充分运用不用颜色的记号笔、便利贴、多个活页夹等辅助学习工具记笔记。尽量确保笔记简明扼要，充分使用缩写、图例或缩略语，只记录重要的信息（但需要自己判断什么是重要的）。请记住，简单的往往是最好的——如果花哨的文具并不能够起到很好的辅助作用，也可以完全不用。

那么，这些记笔记的原则在我们的现实生活中有没有用武之地呢？我们怎样才能够确保将所学的一切运用于课堂之外的领域？我们怎么样才能够确保我们在现实世界中花费精力，并尽可能地积极参与学习的过程？

这就是我们在学校环境中培养的问题解决能力发挥作用的地方。但这也代表了一个不争的事实，即学习并不会因为我们离开了学校而停止——学习是一种终生的状态，只有我们自己放弃，才会被宣告终止。

关于形成个人记录和笔记的好处，怎么强调都不为过，无论是对日常工作、职场问题、人际关系，还是自我表达，笔记的锻炼作用都十分明显。记录我们每天经历或体验的任何事情，并建立一个有组织的系统，确保后续仍然能够查询这些笔记，将帮助我们保留在未来的生活中可能需要使用的知识或信息。

无论是手写（大部分人仍热衷手写笔记），或是利用数字应用记录（完全的拒绝是愚蠢的），通过自己的文字和笔记，将生活中的各个事件，无论是养家糊口、创业、追求爱好等等，组织成一个有意义的叙事，将成为从个人生活中持续获得意义和个人价值的绝佳办法。

当然，增加价值的并非写作和记录本身，而是我们与它的关系，以及我们使用它们激发自身更有价值东西的方式：有意识地控制我们自己的学习过程。当我们使用写作、记笔记、分析和自我提问时，就能够更接近所学的东西，不管这种亲密的关系采取什么确切的表达方式。

学习的过程总是充满错误和尝试，在学习中犯错，不会对我们的学习之路造成严重的问题。就像我们在本书中提出的所有解决方案一样，这些错误也可以通过练习和自我心态的调整予以解决。如果诸位能够运用本书建议的方式，主动而不是被动地处理错误，那么这些错误就可以成为推动学习的良机，且最终犯下的错误只会越来越少。

Summary Guide
全书要点总结

第一章：费曼学习法

◎ 费曼学习法，即"用你自己的语言，向他人解释清楚所学内容"。当你解释时，你需要抛开课本、参考资料、网络资源等外在辅助资料，用留存在自己脑海中的信息清楚地解释给他人

◎ 从教师的角度解决学习问题，可以丰富我们对主题的理解，让我们更牢固地掌握想要掌握和学习的内容。在学习金字塔中，那些最积极主动、动手能力最强、最注重教学活动的学生，最终都能够取得最佳的学习效果。

◎ 学徒效应解释了为什么教授他人的学生取得的成绩总是比埋头自学的学生更好。这是因为，通过教授他人，他们自己的学习变得更有条理，能够更彻底地将自己从失败和实验中解脱出来，并承担更多的主动学习责任。

◎ 良好的反馈，是高效学习过程中必不可少的重要部分。学会提供和接受良好的反馈，是学会任何知识和内容的先决条件。

◎ 良好的反馈，必然是具体的、尽可能即时的，且与具体的成就目标相关联的。在给予反馈时，要使用表达的技巧和谨慎的意识，理解他人在感到被支持和被赞扬时能够取得更好的学习效果。因此，要根据学生的不同个性、学习风格和掌握程度，适当地调整反馈的内容。

第二章：创造适合学习的肥沃土壤

◎ 人类的注意力时长是有限的，我们需要尊重这个局限性，并据此制定合理的学习计划——将新信息拆分为更小、更容易管理的小模块进行学习。

◎ 任何一段学习时间都应该在30—50分钟内。时间太短，无法深入地了解足够的信息；时间太长，认知能力就会开始下降，导致学习效率不佳。

◎ 为了明智地利用时间，应提前做好学习规划，在你的时间表上为特定的学习模块指定时间。

◎ 使用概念学习作为指导：在学习时，优先考虑理解和领悟，而不是死记硬背，即概念先于事实。当我们对信息有一个深刻的而不是流于表面的理解时，就能够将新的想法与其背景结合起来，这也将帮助我们更轻松地记住和应用相关的事实或信息。

◎ 刻意设计有效失败。如果操作得当，失败实际上也可以成为一个有价值的信息来源。

◎ 在不让自己沮丧的情况下挑战自己，并确保当你成功（或失败）时，给自己一个机会仔细审视事情发生的原因。问问自己为何会失败，想想下次如何能够做得更好。

◎ 培养成长型思维模式，将盲目的自尊放到一边，并接受学习有时候会令人感到挫败的事实。失败是学习过程的一部分，因此要学会在遭遇失败时拥抱它。利用失败激励自己制订新的学习计划，并在后续行动过程中，利用从失败中汲取的经验教训。

◎ 做好遭遇挫折的心理准备，但不要屈服于挫折。秉持这个正确的心态，"失败"将成为我们通往成功的垫脚石，而不是导致我们一蹶不振的深渊。

第三章：揭开让记忆长久保留的秘诀

◎ 学习依赖于记忆能力，而记忆又取决于两个过程的相互作用：信息的存储和检索。因此，记忆的过程包括了三个主要的步骤：编码、存储和检索。

◎ 我们对材料的编码（即将其固化到头脑中的过程）的深刻程度，取决于我们对它的关注程度和强度，以及获取这些信息的感官类型，及与之关联的情绪强烈程度。

◎ 当我们存储记忆时，要么将其作为短暂的感官记忆、短期记忆存储，要么作为长期记忆存储。

◎ 检索是指我们回顾被存储到大脑中的记忆，并将其激活的过程。检索可以是有提示的、有外界帮助的过程，也可以是完全不依赖任何外界辅助的自发过程。我们可以通过几种方法回忆信息：直接回忆（没有提示，这显然是最佳的回忆方式）、识别（在有线索或提示的情况下，想起一些东西），以及重新学习（这是效率最低，但最常见的方式）。

◎ 遗忘是一种正常的状态，其过程体现为"遗忘曲线"。每当我们复习知识时，就能够刷新相关的记忆，使得遗忘以相对平缓的曲线衰退。为此，我们的目标，就是通过反复的演练，使遗忘曲线最终趋于平缓，记忆衰退的速度慢到我们可以大声而自信地说："我已经学会了这个，永远都不会忘记！"

◎ 学习周期是一个"五步走"的过程，它遵循了人类记忆的自然规律，并根据这个规律，开发出能够让学习产生最佳效果的过程。学习周期的五个步骤是：预习、专注、复习、学习和评估，之后循环往复。在学习的过程中，最好是有意识地贯穿每一个步骤，即了解背景、保持专注、积极阅读、钻研材料，然后花时间评估整个学习过程的效果，并在下一次予以相应的调整。

- 信息检索训练是巩固记忆的最佳手段和艺术——回忆学习过的内容！这是一个积极主动的学习过程，能够强化大脑中关于信息的神经通路。
- 间隔重复是对抗遗忘和进行信息检索训练的最佳方式。刻意的间隔重复练习，也能够帮助我们控制需要练习的内容，并随着时间的推移，逐步提升学习的效率和增加知识的保留量。

第四章：掌握主动学习的好方法

- 专注于积极和有意识地参与新材料的学习方法，总是能够产生更深刻的理解、更持久的记忆。
- 学习者常用的许多传统的学习方法，实际上取得的学习效果并不理想，包括但不限于归纳总结、突出显示、使用记忆法、文本学习的意象化和重读文本等。尽管这些方法在特定领域效果不错，但整体而言，并不是最有效的学习方法。
- 更有效的学习方法，必然是更积极主动和实用的，例如：练习测试、分布式练习、阐述性提问、自我诠释和交错式学习等。
- 在阐述性提问中，我们通过提问，来确保对材料的深入理解。通过"为什么"和"如何"等问题，我们能够揭示超越表面的深层次因果关系和联系。这不仅有助于学习者生成理解,还能够帮助形成长期记忆。

◎ 自我诠释也将迫使学习者更深入地钻研概念。运用这个"教自己"的学习方法,学习者能够发现自身的理解欠缺和盲点。通过向自己解释想法、顺序或概念,学习者将"由内而外"地彻底理解和掌握所学的内容。

◎ 交错式学习虽然与传统提倡的学习方法不同,但通过鼓励学习者在同一个学习时段内交替学习不同的主题或技能,它能够帮助学习者形成一定的认知敏捷性、加强不同主题之间的联系和关系,其效果比一次性长时间的独立分段式学习要好。

◎ 当主动性学习的技术能够运用到特定的学生、主题和正在进行的课程时,就能够取得最佳的效果。本章论述的策略都是有效的学习方法,因为它们都鼓励深入而不是流于表面的理解,并允许学习者在不同的概念之间建立有意义的关联和联系。

第五章:让学习成为附属任务会让你获得更多

◎ 强化学习的一个方法,是以让人感觉不到正在学习的方式进行学习。当你将学习视为附属的目标,将技能和理解层面的收获视为其他任务的副产品时，反而能够更快速、更容易地学习。

◎ 当我们被一种更深入、更全面地理解所学内容的愿望所驱动时，我们更有可能实现所设定的具体学习目标。理解有六个侧面，它们都超越了流于表面的学习的范畴。

◎ 我们可以通过解释（为什么会发生XYZ？）、阐明（如何将这个数据从X形式变成Y形式？）、应用（我可以用这些知识实际去做什么？）、洞察（我可以用什么其他的方式看待这个问题？）、神入（其他人是怎么看的？）和自知（我是谁？）来激励自我。

◎ 如果我们可以充分利用激励动机的推动作用，相信摆在我们面前的材料与我们息息相关，那么我们就更有可能找到推动学习的能量、激情和理解力。

◎ 基于问题的学习法（PBL），是一种专注于将知识应用到现实世界的学习方法。它将促使我们参与到现实世界中的问题、原因、结果和解决方案的过程中去。我们将变得全神贯注，因为我们想要不断地获得和掌握技能。

◎ 游戏化是一种使学习变得有趣和近乎偶然的方式。游戏化在非游戏的背景下，使用游戏的上瘾原则。在规则清晰、步骤与步骤之间有着明显的线性进展，且奖励可以即时获得，并按贡献值分配时，游戏化策略能够取得最佳的效果。游戏化是一个弥补动力不足的良好策略，可以使日常学习变得更加有趣和愉快，然而它并不能完全取代更深层次的动机和目的。

第六章：学习中一定要避开的常见误区

◎ 正如我们可以培养学习的好习惯那样，我们也可以努力改正妨碍学习的坏习惯。

◎ 其中一个坏习惯就是"投机取巧的阅读"，或在阅读时并没有真正专注于需要阅读的材料。学习如何阅读，与阅读什么同样重要。

◎ 我们的态度和观点，对学习的效果，以及应对挑战和逆境的适应力，有着显著的影响。固定型思维模式，是指认为知识和技能是与生俱来的，无法学习和发展的观点；而成长型思维模式，则认为发展是可能的，并可以通过努力的学习和专注的培养实现。

◎ 认为自己拥有固定的"学习风格"是一个错误，因为几乎没有科学证据支持这种观点。尽管每个人都有自己的偏好，但人类大脑的设计，是为了利用所有的感官，以各种不同的形式，吸取和编码数据。当我们能够尽可能多地利用不同的学习方式时，我们的学习效果就能够得到提升。

◎ 我们最好从"思维模式"的角度调整学习的过程。每个人都属于下面两个轴的某个位置，即抽象VS具体（知觉质量）和顺序VS随机（排序能力）。这两个轴组合形成了四种不同的思维类型，决定了每个学习者在遭遇新信息时的不同偏好。

◎ 与投机取巧的阅读一样，偷工减料的笔记，也是被动而非主动的，无法产生持久的学习效果。使用康奈尔笔记法，将笔记、提示和摘要在同一个页面上各分一栏，能够让我们更积极和紧密地参与材料的学习。

◎ 做笔记的好方法，不仅仅包含了记笔记的过程，还包括了笔记的编辑、笔记的分析和笔记的反思。只有这样，笔记才能够真实地反映我们的学习过程，而不是某些被强加并很快被忘记的东西。

◎ 所有的学习，都是一个试错的过程，在一种情况下对一个人有效的方法，在另一种情况下可能对另一个人无效。所有这些，都要求我们有意识地观察、调整和评估自己的学习过程，并逐渐增强自己改进和提升学习效果的能力。